艺术素养的思想政治
教育价值研究

王 姣 ◎ 著

中国书籍出版社
China Book Press

图书在版编目（CIP）数据

艺术素养的思想政治教育价值研究 / 王姣著 . -- 北京：中国书籍出版社，2024.5

ISBN 978-7-5068-9873-7

Ⅰ.①艺… Ⅱ.①王… Ⅲ.①思想政治教育—价值论—研究—中国 Ⅳ.① D64

中国国家版本馆 CIP 数据核字 (2024) 第 093275 号

艺术素养的思想政治教育价值研究
王　姣著

图书策划	成晓春
责任编辑	成晓春
封面设计	博健文化
责任印制	孙马飞　马　芝
出版发行	中国书籍出版社
地　　址	北京市丰台区三路居路 97 号（邮编：100073）
电　　话	（010）52257143（总编室）（010）52257140（发行部）
电子邮箱	eo@chinabp.com.cn
经　　销	全国新华书店
印　　刷	天津和萱印刷有限公司
开　　本	710 毫米 ×1000 毫米　1/16
字　　数	204 千字
印　　张	10.75
版　　次	2024 年 8 月第 1 版
印　　次	2024 年 8 月第 1 次印刷
书　　号	ISBN 978-7-5068-9873-7
定　　价	68.00 元

版权所有　翻印必究

前　言

立足新发展阶段，落实立德树人根本任务，培养担当民族复兴大任的时代新人，是思想政治教育新的使命和艰巨任务。探索和解析艺术素养与思想政治教育的内在关系，明晰艺术素养的思想政治教育价值，创新思想政治教育有效途径与方法，成为新时代思想政治教育领域的一项重要课题。为此，本书首先结合新时代、新要求，在精心梳理艺术素养与思想政治教育相关研究成果的基础上，进一步研究艺术素养作为人对艺术形式、作品鉴赏和共鸣感知的基本能力，它所具备的实现"真善美统一"的教育价值，充分肯定了艺术素养所具有的强有力的思想政治教育功能。其次，本书立足中国特色社会主义进入新时代、社会主要矛盾发生新变化、人们对"美"的需求进一步增强等社会现实，指出了艺术素养的思想政治教育功能的社会基础和客观要求。再次，本书揭示了艺术及艺术素养的思想政治教育功能形成的内在机理，即人通过对艺术的感知、体验，将艺术美转化为心理暗示、情感共鸣，人们对艺术的联想、移情等心理过程影响自身的意识、情感、行为，进而改变审美情趣、价值取向、人格修为、道德修养，帮助人树立"高尚人格"，形成科学的"世界观、人生观、价值观"，最终实现人的全面发展。在此基础上本书提出了提升艺术素养的思想政治教育价值的多维路径，为创新思想政治教育理念、思路、方法和途径提供借鉴。

围绕这些内容，本书分为以下五个部分。

第一章，基本概念与理论资源。基于对艺术素养、艺术素养的美育属性等核心概念的内涵界定，可知艺术素养不仅是美育的目标之一，也与思想政治教育之间存在必然关联，进而明确艺术素养对人思想意识的影响以及对思想政治教育所具有的积极作用。挖掘马克思主义、毛泽东思想、习近平新时代中国特色社会主义思想中关于艺术素养的思想政治教育价值相关论述，并将艺术素养与思想政治教育互动相关的国内外教育思想和理论进行整理分析，以此强化研究的思想基础与理论依据。

第二章，术素养、美育与思想政治教育。明晰艺术素养、美育、思想政治教育之间的内在联系，阐明艺术素养影响思想政治教育的本质在于"以美引善"，其关系、作用、价值体现是通过美育中介来实现的，进而指出美育与艺术素养和思想政治教育间的紧密联系，即美育是沟通二者的中介与纽带。借助中介视角，剖析艺术素养通过美育中介对思想政治教育产生影响的依据和维度。首先，当代美育与思想政治教育具有兼容关系，在当下思想政治教育中，美育凸显了"以美育德""精神完善""形式多样"的特征，适应思想政治教育的当代需求；同时，美育也符合思想政治教育的价值取向，有助于人们进一步坚定"实现中国梦"目标，传播社会主义核心价值观，增强文化自信；此外，美育浸入思想政治教育的各个环节，在理论层面、社会层面、对象层面都与思想政治教育兼容。其次，美育与思想政治教育具有共生关系。美育对人的意识发展、精神升华、社会和谐都有着重要的促进作用，这些积极作用与思想政治教育的目标具有一致性，表明美育和思想政治教育存在"意识"教育契合的共生共在关系。最后，美育与思想政治教育具有互补关系。美育可以满足个性化诉求，适应当代教育的个性化趋势；美育可以聚拢社会思想意识和观念，通过社会成员对"真善美"的感知促使其思想意识发展符合社会总体诉求和方向；美育还可以借助丰富的内容和手段，提高思想政治教育的"灵活性""丰富性"，进而增强其感召力和感染力。

第三章，艺术素养对思想意识的影响。分析艺术素养对于思想意识的影响根源，揭示艺术素养对思想意识影响的客观性，指出艺术素养与思想政治教育的密切关联主要在于其对个体、群体和社会思想意识的作用和影响。首先，艺术素养对个体思想意识的影响在于助推个体修养进步、改善个体思想意识，使之形成适应社会与人际和谐的良性意识。其次，艺术素养对群体思想意识的影响主要通过教化、感召、凝聚等功能和机制来实现，艺术素养能够使人们对"艺术"的感知更加强烈，并达到塑造和影响群体意识的目的。最后，艺术素养对社会思想意识的影响表现为完善社会道德意识、提升社会审美趣味、影响社会价值取向等方面，通过对社会普遍认可的道德标准、审美需求、价值观等产生影响，进而促使社会形成以"真善美"为基石的思想意识。此外，对当前艺术、文化发展领域的媚俗化、视觉化、去传统化等误区进行批判，阐述这些误区对思想政治教育的负面影响，以此进一步澄清艺术素养影响思想意识的应然要求与现实路径。

第四章，艺术素养的思想政治教育价值。在上一章探究艺术素养对思想意识的影响维度基础上进一步分析艺术素养对思想政治教育的独特作用与意义。艺术素养的思想政治教育作用主要是通过受教育者理想信念、道德修养、人格修为等的提升来实现的。首先，艺术素养具有丰富塑造人审美感知、审美经验、审美能力的人本意义，对受教育者思想意识的提升起到重要的支持作用。其次，艺术素养对人的思想境界、意志信心、价值取向具有重要作用，有助于提升人的理想信念。再次，借助"美""善"同源的思想，对艺术素养的道德背景、道德意识、道德价值进行分析和论证，指明艺术素养可以影响人的道德体验、道德行为、道德智慧，帮助完善人的道德修养。最后，艺术素养具有提升人格修为的重要价值，可以激励人自尊、推动人自信、促进人自立、助力人自强，从而使人形成相对完善且优良的人格，促进人的全面发展，起到思想政治教育的育人功能。

第五章，提升艺术素养思想政治教育价值的多维路径。基于不同的教育空间和场域，主要有以下几个基本路径：首先，从提升艺术素养思想政治教育价值的家庭路径入手。家庭是思想政治教育的初始之地，应从环境、"精神"美开始，重视形式的选择和引导，满足人的个性化发展需求。其次，按照人的成长规律，拓展提升艺术素养思想政治教育价值的学校教育路径。学校教育体系是重要的思想政治教育阵地，在提升艺术素养的培育过程中，应重视原则和体系设计，突出综合性、人文性、融合性，以此构建教学培养体系、生活培养体系、学科融入体系。具体措施可以分阶段进行选择，针对不同教育阶段，选择适应人的审美诉求，提升艺术素养培养的实效。再次，拓展艺术素养思想政治教育价值的社会路径。社会关系是人的现实本质，社会公共艺术是重要的艺术素养培养途径。公共艺术品应重视思想政治教育氛围的营造、着力传播社会主义核心价值观、重视意识影响的长效性。最后，在信息化时代，提升艺术素养思想政治教育价值还应重视网络路径。当前"互联网+"的环境下，互联网"艺术"资源的思想价值提升，互联网"艺术"品味的美育价值提升，互联网"艺术"创造的社会价值提升，它已经成为提高艺术素养的思想政治教育价值的基本路径。通过互联网艺术净化来实现网络"艺术"的审美形式与思想内核双提升，能够使之更好地为思想政治教育服务，达到塑造"高尚人格"的目标。

本书在编写过程中，力求做到内容全面，论述合理，努力把艺术素养的思想政治教育价值完整呈现在读者面前。

本书在编写过程中，参考借鉴了众多学者的研究论述，在此表示真挚的感谢。由于能力有限，研究之中还有许多不足，恳请广大读者不吝指正。

目 录

引言 1
   一、研究背景 1
   二、研究意义 6
   三、研究现状 8
   四、研究内容和创新尝试 22

第一章　基本概念与理论资源 25
   一、基本概念 25
   二、理论基础 32
   三、思想理论资源 41

第二章　艺术素养、美育与思想政治教育 47
   一、艺术素养与思想政治教育的美育中介 47
   二、美育与思想政治教育的兼容关系 53
   三、美育与思想政治教育的共生关系 61
   四、美育与思想政治教育的互补关系 67

第三章　艺术素养对思想意识的影响 76
   一、艺术素养对个体思想意识的影响 76
   二、艺术素养对群体思想意识的影响 79

三、艺术素养对社会思想意识的影响 ································ 85
　　四、当下艺术素养培育的误区和对思想政治教育的负面影响 ······ 90

第四章　艺术素养的思想政治教育价值 ································ 103
　　一、艺术素养的人本意义 ·· 103
　　二、艺术素养与理想信念 ·· 108
　　三、艺术素养与道德修养 ·· 112
　　四、艺术素养与人格修为 ·· 117

第五章　提升艺术素养思想政治教育价值的多维路径 ··············· 123
　　一、提升艺术素养思想政治教育价值的家庭路径 ················ 123
　　二、提升艺术素养思想政治教育价值的学校教育路径 ··········· 129
　　三、提升艺术素养思想政治教育价值的社会路径 ················ 138
　　四、提升艺术素养思想政治教育价值的网络路径 ················ 143

结语 ··· 151

参考文献 ··· 153

引 言

一、研究背景

随着中国特色社会主义进入新时代,人民群众的美好生活的需要反映出人们对"美"的需求进一步增强,这表明艺术素养具有思想政治教育功能的社会基础和客观要求。人的个性化发展以及外部思潮的多元化,使得人的思想意识日趋复杂多变,探索和解析艺术素养与思想政治教育的内在关系,明晰艺术素养的思想政治教育价值,创新思想政治教育有效途径与方法,成为新时代思想政治教育领域的一项重要课题。为此,本文结合新时代、新要求,在精心梳理艺术素养与思想政治教育相关研究成果的基础上,进一步研究艺术素养作为人对艺术形式、作品鉴赏和共鸣感知的基本能力,它所具备的实现"真善美统一"的教育价值,充分肯定了艺术素养所具有的强有力的思想政治教育价值与功能。

(一)艺术的个体价值

艺术几乎与人类文明同时出现,随着人类对艺术的认识与发展不断加深,艺术已经成为人类文明重要的表现形式。我国古人对艺术、艺术教育的作用有着深刻的认知,认为艺术是"礼乐射御书数"的技能总合,在"育人"中需要学生全面掌握。可见艺术、艺术教育在我国古代的育人思想中发挥着重要作用。当下,社会科学、社会文化、社会意识形态都已经发生了较大的改变,但是艺术具有精神教化作用却始终是整个社会的共识。就艺术的个体意识塑造价值而言,不同领域的研究者呈现出多方面的视角。

如王宏建在《艺术概论》中指出:"马克思基于历史唯物主义和辩证唯物主义的科学立场,将艺术看做是一种社会现象、历史现象,认为艺术是一种特殊的意识形态和特殊的生产形态,是社会活动在艺术家头脑中能动的审美反映的产物,进而说明艺术以其特殊方式掌握世界。"[①] 此观点说明马克思思想中艺术是一种特殊的意识形态，是由特定社会活动所决定并加以反映和反作用的思想上层建筑。

金成海提出了"认识活动说"，他在《浅谈对艺术的认识》中指出"艺术是人对事物的一种感性表达，是有规律可循的认识活动。"[②] 这一观点所体现的艺术含义是感性的，并且有规律可循，强调了艺术的感性特征，同时还指出认识和学习艺术的过程也存在客观规律，可以通过有序的认识来体验、感知和学习艺术。

陈望衡提出了"艺术是真、善、美的统一"的观点，在《审美伦理学引论》中指出"艺术既是人的一种审美活动，也是人的一种道德活动和认识活动，既包括审美活动的积极成果'美'；也包含道德活动的积极成果'善'；还包含认识活动的积极成果'真'。"[③] 可见他认为艺术集中体现的是"美"的价值，而"美"内在地包含有"善""真"的内涵，失去任何一种积极成果，艺术的价值都不完整。

综上可见，对于艺术的认识，各界学者的视角不同，产生的学说也就存在差异。但是总结这些观点可见，他们揭示的艺术本质是相似的，即在艺术的意识价值上形成了共识，不论是唯物主义的认知、审美，还是道德修养的塑造、培养，直至"真善美统一"，都阐述了艺术活动通过从客观认知到审美加工、意识反馈形成艺术，再到审美信息、道德信息的传递等，对人的意识的影响。其中"真善美统一"的解读，更加契合对艺术内涵的诠释，也可以为艺术的美育价值、思想政治教育价值的阐明提供帮助。

（二）艺术的社会价值

不论是在何种历史背景和社会体制下，艺术始终在影响着人的意识和行为取向，马克思提到："关于艺术，大家知道，它的一定的繁盛时期绝对不是同社会的一般发展成正比例的，因而也不是同物质基础的发展成正比例的""就希腊艺术来说，虽然它跟社会发展的特殊形式结合在一起，但是在一定的方面它对我们仍然是'一种规范和高不可及的范本'，并具有'永久的魅力'"[④]。马克思的这一观

---

① 王宏建. 艺术概论[M]. 北京：文化艺术出版社，2010：17.
② 金成海. 浅谈对艺术的认知[J]. 戏剧之家：理论版，2012（007）：69-69.
③ 陈望衡. 审美伦理学引论[M]. 武汉：武汉大学出版社，2007：77.
④ 中共中央马克思恩格斯列宁斯大林著作编译局. 马克思恩格斯全集：第46卷上[M]. 北京：人民出版社，2006：48-49.

点说明，作为社会意识的艺术与社会存在的关系不是亦步亦趋地机械决定与被决定，而是具有相对独立性，因而艺术可以穿越不同时代和地域对今日的我们产生作用和影响。

从历史的角度看，艺术会随着时代的改变而发生变迁，乃至推动时代变迁。在这个过程中，其往往会形成不同的视角和观念，对公众熟悉的观念进行独特的阐释、展现，进而形成时代化的"艺术形式"，其基本作用形式是丰富的思维视角和独特的阐述方式。艺术本身来自于社会实践，但是与社会实践相比，它往往给人留下更加深刻的印象，并影响着人们，如激发勇气、宣泄情绪、表达快乐等，成就人类独特的愉悦精神的源泉。在社会发展中，艺术所表现的是"意识"力量、"意识"魅力，其不仅仅承载着文化、艺术、精神和意志，还能够实现人与艺术之间的意识交流，起到陶冶心灵、润滑人际关系的作用，使得人类社会更加和谐。

在艺术活动更加开放的当今社会，日常生活中的普通"物件"都在传达着不同的艺术意识，如家具、景观、服饰、生活用品等，都能够拉近人与艺术之间的距离。在教育层面，只要普通人愿意接受就可以学习和了解一门艺术。艺术地享受生活已经成为当代社会所认同的生活观、价值观。开放的艺术也为人类社会提供了表达、分析和发展的新工具，艺术已经对人的生活和行为产生了广泛的影响，发挥着特殊的作用和价值。

社会发展中艺术的影响也体现在不同阶段和不同需求背景下。我国领导人历来重视对文艺工作的发展，以此促进和推动精神文明建设。如邓小平同志提出的"两手抓"思想，解决的就是经济与精神发展中出现的不平衡问题。习近平主席指出，文化和艺术的发展为我国改革开放做出了重要贡献，文学家和艺术家凭借敏锐的思想，创作出反映时代进步、人民诉求的优秀作品，推动了我国社会精神文明建设的良性发展。同时习近平主席还指出，文艺的发展离不开社会进步，虽然社会进步的重要基础是经济发展，但是在人民温饱问题解决后，人的注意力将集中在精神生活上，这也是社会进步的必然结果，是社会发展的必然趋势[①]。

艺术发展始终伴随社会发展，物质满足必然带来人对思想境界的提升诉求。从公共视角看，人期望公共艺术普及并提升品质；从个体视角看，人期望自身具

---

① 中共中央宣传部编.习近平总书记在文艺工作座谈会上的重要讲话学习读本[M].北京：学习出版社，2015：15.

备更高的艺术素养，以此来适应自身发展需求。为了满足公众文化、艺术需求，我国社会的艺术创作以及内涵也必须得到重视与发展。2017年在党的十九大报告中强调，"要繁荣发展社会主义文艺，坚持思想精深、艺术精湛、制作精良相统一，加强现实题材创作，不断推出讴歌党、讴歌祖国、讴歌人民、讴歌英雄的精品力作，发扬学术民主、艺术民主，提升文艺原创力，推动文艺创新。倡导讲品位、讲格调、讲责任，抵制低俗、庸俗、媚俗。加强文艺队伍建设，造就一大批德艺双馨名家大师，培育一大批高水平创作人才。"[1]

（三）艺术素养的思想教化价值

艺术素养是人对艺术形式、作品鉴赏和感知的基本能力。艺术素养的训练可以提升人的审美意识、精神境界，可以使人更好地感知文化、艺术的深刻内涵，因此艺术素养具有一定的思想教化价值，主要表现在以下几个方面：

艺术素养可以增强爱国精神、民族精神。艺术源自于人们的生活、文化和交流，其自身就蕴含着特定的国家属性、民族属性，因此艺术素养在丰富人类精神世界的同时，也潜移默化地影响着特定民族精神的形成，塑造并强化着人们的爱国主义意识，使人形成对民族、国家的艺术自豪感和艺术价值观。艺术素养可以使得人的精神世界积极向上，价值观也会变得更加高雅，精神意识纯洁高尚，有利于人们形成对国家、民族的强烈责任心。就如战争时期，激励人抗争侵略、抗争压迫的艺术作品可以鼓舞人向前，其内涵的思想意识可以使受众从艺术作品中体会到爱国意识、民族精神，进而形成爱国行为。

艺术素养可以增强人的人文精神。人类社会的形成，世界的发展和改造，都离不开人文精神的支持。人文精神是一种人类具有的独特的自我关怀和思想意识，是一种对自我价值认同和发展的意识。人文精神是人类特有的文化内核，所呈现的是差异性、意识性、传承性，是一个地区、民族乃至国家所特有的"气质"，因此人文精神的追求与培养，依靠的是人文教育，通过对文化精神、意识的影响，塑造人们的文化价值观。艺术素养能够提升人的文艺欣赏能力，可以帮助人提高对文化、艺术的认知能力，更好地从中获得精神上的净化和改变，提升思想认识与精神境界，塑造更加纯净的人文精神。

---

[1] 习近平.决胜全面建成小康社会夺取新时代中国特色社会主义伟大胜利——在中国共产党第十九次全国代表大会上的报告[M].北京：人民出版社，2017：43.

艺术素养可以丰富情感世界，促进人的心智成熟。情感世界是人类独有的精神世界，情感、心智是构成它的基础要素，因此情感、心智的形成对人类个体的影响意义重大。人如果具备了健全的情感和心智，则可以理性地审视世界，奠定良性发展的基础。情感与心智的健全和发展可以促进人的不断成熟。艺术素养可以让人更懂得欣赏艺术作品，更容易感知艺术作品的情感符号和精神内涵，更容易让外在化的艺术形式转变为内在化的精神意识，如兴奋、愉悦、感伤、愤怒等，都可以在艺术欣赏过程中出现，无形中就丰富了人的情感世界。同时，艺术素养也可以提高人的艺术思维能力、艺术分析能力等，艺术作品的丰富多样性给人带来了广阔的视野和思维维度，使得人的想象力、比较力和判断力都在艺术欣赏中得到激发。比如人在观看科幻电影的时候，会不自觉地根据自身掌握的相关知识对电影情节展开联想，对比现实与幻想之间的差异，心智自然也发生了改变。可见艺术素养作为人看待问题、分析问题和解决问题的素养之一，虽然在形式上是感性的，但在艺术欣赏中激发出的潜在的心智能力，无形中却能够改变人的心智水平。

艺术素养有助于促进科学素养的提升与发展。自然科学、人文科学都是人类社会发展的产物。自然科学主要强调规律性，人文科学更加偏向价值性。但是不能否认的是，不论是自然科学还是人文科学，其规律性与价值性在艺术素养的审美性中实现了统一。纵观历史不难发现，绝大多数科学家往往是艺术家、文学家。最具代表的如达·芬奇。达·芬奇在诸多领域都有着代表性的研究成果，他对艺术的影响深远，对其他学科的贡献也熠熠生辉。达·芬奇在工程、数学上的成就对其绘画能力产生了重要的影响，绘画的能力也为其解决科学问题提供了帮助。由此可见，艺术能力、艺术素养可以帮助人更好地了解艺术、了解科学、了解人文，通过艺术想象力、艺术素养的提升，人们可以实现科学研究、科学创造力的提升。

综合上述分析可见，艺术素养来自于艺术，是人的基本素养，更是人对"美"的感知能力的展现，"美"对于人类社会的影响有目共睹，作为"美"的典型代表，"艺术"的发展与影响对时代、社会的影响是不容忽视的。就如"文艺复兴"对于社会发展的影响一样，客观且深远，艺术家对艺术感知、艺术创作的变革，影响了社会发展，进而起到了影响时代的效果。反之，艺术素养对于人的思想意识、认知能力、价值观和人文精神的影响也是客观的，且存在于每个人的意识中，可以说每一个人都具备艺术素养，只是影响的程度存在差异，如艺术家的艺术素养可以帮助他创作更好的作品，普通人则可以更好地欣赏"美"，并具备更高的精神意识。可见艺术素养植根于审美实践，是审美意识的体现，是审美价值观的体现，对于人的精神世界影响很大。在此背景下，本研究主要着眼于艺术素养对于思想政治教育的影响，以及二者关系的厘清，理顺艺术素养对于思想政治教育的关系和价值本源，进而研究当前我国社会公民的艺术素养以及素养培养发展对于思想意识的影响。目的是明确艺术素养的精神价值、道德价值、人格价值、思想政治教育价值，进而提升公众艺术素养培养对思想政治教育的作用。

二、研究意义

（一）研究的理论意义

在马克思主义的指导下经过几代党和国家领导人的不懈努力，我国的社会主义建设取得了丰硕成就，实践不断证明了中国特色社会主义的必然性与优越性，将来的国家建设也必将坚持并贯彻这一方向不动摇。为此相关理论以及实践研究都应围绕这个历史主题，其中思想政治教育也不例外，作为引导和塑造社会主义思想意识的重要方式，思想政治教育必须与社会需求、国家需求结合起来，通过各种方法和途径树立和强化社会主义核心价值观，使得全民形成凝聚力，为社会主义建设共同努力。本研究所关注的是，在马克思人的全面发展理论基础上，如何将艺术素养与公众思想政治教育结合起来，即通过对艺术素养与思想政治教育关系的研究，将美育、思想政治教育中相关的艺术元素结合起来，以艺术素养对人意识的影响为根本出发点，研究相关美育、艺术素养对人的道德、意识、行为的影响，进而体现艺术素养对思想政治教育的重要价值。

纵观人类社会发展历程，各种思潮和思想大多通过文化、艺术改变着公众的思想意识，艺术作为始终伴随人类发展的重要意识形式，对人类的思想意识的影响也是被全世界所认可的。艺术素养是人对艺术形式、艺术内涵鉴赏和辨别的能力，更是对自我审美意识、审美价值观、人文精神和认知意识提升的追求，可以说是人对承载在"美"中的思想意识的自我认识，因此，它自然也会对人的思想意识产生重大影响。今天，习近平总书记提出文艺育德的思想，就是关注到文化、美育和思想政治教育研究中相关契合的元素，借助文艺育德的提出对马克思主义理论进行继承和创新，明确艺术对于人的客观影响，以及重要性。由此推动相关理论研究目标的实现集中于文艺塑造人格的焦点上，并借助塑造作用来推动公众对社会主义核心价值观的内化。尤其是全媒体时代的到来，艺术形式、审美内涵、审美价值观和意识形态变得多样且复杂，艺术审美活动对人思想意识的影响不容忽视，因此，深刻挖掘审美如何影响意识，影响道德的机理就成为本次研究的理论目标，由此分析艺术素养与道德教育、艺术素养与道德引导、艺术素养与思想政治教育之间的互动机理就有着重要的理论意义。同时还要借助课题研究，分析和理顺艺术素养、美育、道德修养、人格修为和思想政治教育之间的内在联系，阐明提高艺术素养对国民思想政治教育的基本作用和方式，最终通过理论体系的构建来提高艺术素养，发挥其培养激励思想意识的正向作用。

（二）研究的现实意义

世界一体化、网络普及带来的是多样、复杂思想意识的交融，各种意识形态都可以被网络传播，各种文学、艺术形式和审美观念进入公众的思想意识中，其中不乏一些消极的意识和思想，如无政府主义、拜金主义、暴力主义、恐怖主义等，与正向、积极的意识共同存在于各种艺术形式中并进行传播。艺术也不再是精神的净土，多元化的艺术形式中也不断出现消极的元素，这些元素在艺术形式中是非显性的存在，但是却可以潜移默化地影响公众的主观意识。要克服负面思潮的影响，单纯地借助简单的说教来影响公众显然是苍白无力的，所以就需要借助更加丰富的"艺术""审美""情感"等手段来实现思想政治教育的目标。为此，扩大"美"的影响范围，提高"美"的影响力，就成为当前思想政治教育必须选择的途径之一。

借助艺术素养的"意识"力量，来克服消极思想意识对公众的影响，借助其正向引导，来改变公众的审美意识、思想意识，进而提高我国人民对不良思想观念的识别和抵制能力，实现其思想觉悟的提升，这对于当前的社会发展有着重要的现实意义。习近平主席所说的文艺育德思想，正是基于此类问题的理论和方法指导提出的。创作者以及受众都需要具备一定的艺术素养，这样才能借助"美"

的创作过程和审美欣赏过程来改造人的主观世界，从而实现对自我意识的修正。艺术素养对于人的影响普遍存在于"创作""欣赏"的过程中，从简单的"腹有诗书气自华"到美育、思想政治教育，艺术素养的影响不单纯集中在个体的意识层面，更成为社会群体所需要提升的基本素养之一。因此，艺术素养对于提升个体、群体的思想意识，塑造健康科学的精神世界，具有重要作用，它与思想政治教育产生了内在关联，故研究艺术素养的思想政治教育价值具有一定的现实意义。

三、研究现状

艺术素养的界定在国内外存在一定的差异，但是艺术、艺术素养、美善教育的基本理念却有着相似之处，国内外艺术素养与美育、艺术素养与道德教育之间的关系的研究如下。

（一）国外研究综述

国外对于艺术素养以及相关思想教化的研究主要集中在美善视角，其更加强调的是艺术素养对美、善追求的重要作用。因此对于艺术素养培养过程中的审美教育、道德教育、精神教化的研究较为突出，且多数选择更加艺术的切入角度。

1. 艺术素养与美育研究

目前的研究成果中，国外学者在美育的精神价值、思想价值上形成了共识。他们认为美育是构建和谐意识与艺术能力的基础手段，同时也是思想、精神教育所要达到的目标之一。国外相关美育中凸显的核心价值为"真善美"的基本思想，纵观社会发展，具有相应时代内涵的真、美、善是各国不同历史时期都在倡导的基本公众教育思想。

在国外美育教育中，学者认为艺术素养与美育之间存在着必然关联，艺术也成为美育的重要手段之一。国外很多学者在美育的研究中为了实现美育目标，借助了艺术教育、艺术素养的手段和方法。如"美"与"善"的探讨从苏格拉底时代就已经开始，他认为"美"必然可以孕育"善"；柏拉图则将道德与审美、艺术等进行结合，主张"美""善"统一的思想，他认为诗歌、音乐是教育的重要形式；亚里士多德也认为"美"对人的影响是显著的，可以激发人的良好情感，他还认为"美"是一种"善"，所以他也提出音乐有着熏陶和净化、陶冶的审美功能。

引 言

到了近代，康德在《判断力批判》中指出了美善对人的重要教育价值，并指出道德美是一种高尚的美，审美教育对于培养道德修养具有重要作用。黑格尔也在美学思想中提出了关于意识教育的思想，其《美学讲演录》涉及过关于艺术与社会的论述，强调艺术与社会、时代、民族之间有着不可分的关系，提出形象思维的相关概念，将艺术看做是一系列的思想活动，从而升华了艺术想象对人的价值，也将美学、美育上升为一种理性的思维活动。

德国艺术家席勒在《美育简书》中对美育进行了定义和阐释，指出美育对人的重要意义，明确了美育、道德教育之间的关系。他认为美育在提升审美能力的同时，能使人获得高尚的道德；认为美育不仅仅陶冶的是情操，更多的是丰富人的内心情感、净化心灵、升华精神世界[①]。基于此理论的提出和研究，席勒也成为现代美育之父。席勒的研究十分明确地解读了人类审美对于思想意识的重要价值，阐释了美育是让"美"的教化促进道德发展的重要思想。

席勒通过社会视角阐释人应具有理性和感性两面，理性树立原则，感性树立性格。席勒认为美育可以对人类的社交产生良好的作用，即美育所形成的良好人格和感性意识可以帮助人获得活力，并形成良好的审美意识，进而促进人与人之间的关系和谐。席勒认为理性与感性呈现出一种对立与统一并存的辩证关系，审美教育可以促进二者之间的辩证统一，心理素质、艺术素质之间的隔阂可以在美育中加以贯通。

在现代美育思想中，尼采、叔本华、弗洛伊德都认为艺术是美育的重要途径和基础，尼采认为艺术是虚无的，但是可以救赎人类的思想，促使人们兴奋且为精神发展付出行动。叔本华认为生命意志是主宰世界运作的力量，由于受到意志的支配，世界是虚空与充满痛苦的，而艺术是摆脱人生空虚的三大途径之一，他关于艺术的主要观点集中在《作为意志与表象的世界》第三部分。弗洛伊德更加重视精神层面的艺术价值，认为艺术是一种回归简单的快乐途径，从思想上可以帮助人获得最为简单和直接的宣泄，自我恢复和释放可以实现"童年"的回归，让快乐简单而直接，消除人存在的诸多负面情绪，净化心灵。

同时也有学者认为艺术可以使人们获得自由。如恩格斯指出人要获得对自然的感知就必须从"美"中获得，即理解自然的"美"可以获得身心的自由。美育

---

① （德）席勒. 美育书简[M]. 徐恒醇，译. 北京：中国文联出版公司，1984.

可以通过自然、艺术、社会的美来影响人的思想，传递自由理念，扩大人对于自我的局限，发展个性。人们可以通过美育得到一个自由的发展空间。美育的内容、方法是多元化的，但是不可否认的是，艺术教育是重要的途径之一，是人体验"美"的重要方式，而人意识中的艺术素养则可以直接反映人对艺术的接受、理解程度，也可以客观反映出对"美"的认知程度，以及意识受到"美"的影响程度。

另外，杜威提出了"艺术即经验"的论断，探讨了艺术与道德、艺术与社会之间的关系。他认为艺术存在于生活经验中，且指向社会秩序的改善；艺术与教育的立足点是一致的，都能够成为提高道德修养的工具；艺术是一个社会拥有文明的标志，并最终指向社会改造与人的解放和完善，这一思想主要见于他的著作《经验与自然》和《艺术即经验》。这一思想可以客观反映艺术素养对于美育的重要价值，艺术素养是艺术之于个体的集中表现和反映，不同教育背景、社会背景和生活背景的人所具备的艺术素养存在差异，艺术经验不同，形成的审美意识、道德意识也存在差异。

当代也有学者在拓展艺术教育和艺术素养这一研究思路。如美国著名美学家，美国伊利诺斯大学文化与教育系教授拉尔夫·史密斯，著有《艺术教育的妙用》、《艺术教育：批评的必要性》《艺术感觉与美育》等。在他看来，一是第一艺术的绝对权威，二是观众乐于接纳他的这种权威和要求。这就意味着，观赏者必须乐于暂时的悬置和压迫自己的其他爱好和倾向。这就说明在艺术欣赏中，欣赏者的心理过程会与艺术之间产生共鸣，被艺术所影响，自然它也就可以被艺术所教育和感染。再从教育实践上看，国外学者主张开展丰富的艺术教育来美化人的心灵。如大学教育中积极启发大学生开展艺术创作，由此来美化学生的心灵，构建学生的精神生活和世界，使之体会到"美"，获得欣赏美的能力，进而提高其审美能力，陶冶学生的情操，改变学生的意识。

近代的美育思想已经充分地将艺术教育价值融入其中，艺术教育中的感性形式与思想内容所形成的艺术欣赏能力（艺术素养）可以帮助人改变对社会的态度和倾向，从而影响美育结果。总结这个艺术教育的根本目标，可以发现，其何尝不是对人艺术素养的影响和培养呢？也可以理解拉尔夫·史密斯的相关观点，即通过艺术教育、审美教育来实现改变人的目标，使得人生态度和人生品质获得改变，其核心枢纽是审美能力。

2. 艺术素养与道德教育的研究

伴随英国资产阶级革命对封建专制制度的推翻，新兴资产阶级文化取代了旧有的封建统治文化，此时文化发展、文艺创造和教育思想改革在西方国家活跃起来，各种新的文艺思想和教育思想呈现出多样性、多元化的趋势，艺术、美育和道德教育开始相互结合，并形成新的教育理论框架，拓展了相关领域的研究方向和内容。各领域学者的主要研究思想体现为美育、道德教育与艺术教育影响之间的必然联系，研究认为良好道德的形成，在一定程度上受到美育和艺术教育的影响，不论是何种艺术，都能够提高人的审美意识，并最终有助于人们形成良好的道德意识。这其中就蕴含了艺术素养对道德意识的价值。如，德国戏剧家和诗人席勒在《美育书简》中说道："感觉分为被动和主动状态，而审美自由是被动和主动之间的一种状态""懂得审美的人才能成为有道德的人""只要给懂得审美的人一个动力，就会让他体会到高尚的道德情操。"[①] 他的核心观点就是人在感觉美和体验美的基础上逐步形成审美意识，它能够进一步对人的道德情操和素养产生积极正向的影响。

法国启蒙思想家、哲学家、文学家、教育家卢梭在教育理论中也提及了相关思想，他主张教育必须顺应儿童的本性，让他们的身心自由发展，着重培养人善良的情感、正确的判断能力和良好的意志。这与"人之初性本善"的论断有着一定的相似性，即人性本善，可以通过后天教育和引导保留本性，达成道德教育的目标。

卢梭提出善良的情感和良好的意志需要通过全面知识的学习才能得到，而全面知识不仅仅局限于概念化的自然科学知识，也包括符号化的文化、艺术知识。此时艺术独特的陶冶情操作用，以及艺术素养有助于帮助人保持善良的情感、正确的判断能力和良好的意志，可见艺术素养培育对于善良情感、正确判断能力、良好意志的保持有着重要的作用，这一思想在卢梭的教育思想中得到体现。

20 世纪 50 年代到 21 世纪初，现代西方各国的政治、经济、科技、文化以及生活方式在不断发展和变化，有关学校思想道德教育理论的著作也逐渐丰厚起来。美国著名的实用主义哲学家和教育家杜威，认为"教育的艺术是一切人类活动中

---

① （德）席勒. 美育书简 [M]. 徐恒醇，译. 北京：中国文联出版公司，1984.

最困难和最重要的一种艺术"[①]。他认为学校道德教育至关重要,且不能仅仅通过书本完成教育,应将艺术教育和道德教育进行结合,通过间接途径、生活途径、艺术途径来提高学生的道德修养。此时的西方德育思想更加直接地将教育延伸为"艺术",在道德教育中必须凸显"艺术"的形式和方法,一些人不仅仅认为教育方式需要艺术化,也认为艺术介入是改变道德教育的重要方式,刻板的书本道德教育方法不利于对道德意识的塑造,强调了艺术介入是教育的必要条件,指明艺术教育、艺术素养的提升,改变的不仅仅是人自身的道德修养,也可以改变道德教育的模式和方法。

苏联现代著名教育家苏霍姆林斯基,他的全部著述贯穿着和谐发展的思想。他认为"科学、技巧和艺术是教学和教育过程的三个重要因素。"他进一步论述道:"在教育过程中,需要为学生建立一个良好的环境,丰富学生的集体精神生活。"[②] 课堂教学环境、课外活动环境、校园硬件设施等等都能对学生产生教育作用。不难看出,这些方面的改善实际上强调了教育环境的艺术性的重要作用,美的环境能够对学生的心灵和素养产生潜移默化的积极影响。他认为将艺术引入教育教学中,能够引发学生精神生活的改变,可以更好地教育学生。其观点指明艺术引入对于教育的重要性,艺术化地展现教育内容,能让学生更好地接受,并形成良好的道德意识。

3. 艺术素养与思想意识研究

艺术本身就是一种精神观念的具象化,艺术从诞生到今天所承载的是人的意识和思想。因此人对艺术的理解和欣赏也凸显了思想观念的属性,人对艺术的理解必然伴随内在的好恶倾向、思维观念乃至价值观的成分。哪怕同一种艺术形式或者同一个艺术作品在不同人的认识和理解中必然存在差异。对于艺术素养与思想意识的研究由来已久,如:德国著名的哲学家黑格尔,他指出不同的音乐可以表达不同的情感,比如说愉快的、悲伤的、诙谐的、令人敬畏的情感都可以用音乐的不同形式表现出来,此时情感可以附加到音乐艺术作品中,人借助音乐的情感功能来阐述人对"美"的态度乃至抒发情感,抽象的情感可以通过直观的音乐

[①] 华东师范大学教育系,杭州大学教育系编译.现代西方资产阶级教育思想流派论著选[M].北京:人民教育出版社,1980:236.

[②] (苏)苏霍姆林斯基.和青年校长的谈话[M].赵玮,等,译.上海:上海教育出版社,1983:4.

来体现，并使得听众感受到音乐中的情绪，这一论述指明了艺术对人精神世界的影响作用。

马克思则认为艺术是一种实践精神的文化形态，在《〈政治经济学批判〉导言》中提出了四种掌握世界的方式，即哲学的、宗教的、实践的、艺术的。艺术之所以可以掌握世界，是因为它是人的一种内在的精神需求，这种精神需求是超越于物质需求的更高层面的需要，是社会发展到一定程度的必然反映。上述分析体现了马克思对艺术的深刻认知和理解，也体现了艺术素养与精神世界的紧密关系，一方面艺术来自于客观体验和思想转化、表达，欣赏艺术也必须依靠丰富的体验和精神感悟；另一方面作为艺术活动主体和客体的人，其思维意识可以被艺术所影响，通过精神层面的艺术体验，人在理解世界的同时也在理解着自身。

艺术素养是在艺术欣赏、学习中获得的审美经验，通过看、听、动等艺术活动，人可以获得审美经验，这不仅仅促进了身体各部位的活动，还可以更深层地影响人对于"美"的判断和思考，进而形成美学的基础。托马斯·门罗指出"任何知识或理论分支，只要有助于生活的某些方面以及思想、行动或经验，就都具有实际价值。按照这种观点，运用伦理学原则指导行动，或者运用美学原则创作、欣赏和批评艺术，都属于实用的范畴。甚至在艺术这一范围以外，只要美学能帮助某人理解、欣赏自然美和审美愉悦与生活的其他价值的关系，它就成了一门实用的学科。"[①] 按照这种实用主义的观点，不管是何种类型的美学理论，如果与行动毫无关系，就不能对人们的生活产生影响，或者不能在具体经验中得到验证，就不可能具有多少纯知识的意义或价值。门罗不满于美学被看成美的哲学，停留于坐而论道的抽象思辨，认为这不仅导致美学的混乱不清，而且会沦为主观随意的、毫无实际效用的争论。因此，他主张通过美学领域的知识与艺术手段进行控制，进而从积极的方面进行美学建设。此时知识与艺术之间的结合就可以提高人的总体素质，人们也开始意识到艺术素养的影响。抛开其观点背后的实用主义倾向不论，这一思想本身对艺术素养的训练或多或少对美育的发展具有一定的启发意义。

美国当代著名音乐美学家伦纳德·迈克，在《音乐的情感与意义》这部经

---

① （美）托马斯·门罗. 走向科学的美学 [M]. 石天曙，滕守尧，译. 北京：中国文艺联合出版社，1985：225-226.

典理论著作中提出音乐价值论观点的同时,也认为"音乐能触发听众的感觉和情绪"。①他所倡导的是音乐教育和审美教育相结合。美国音乐教育家权威贝内特·雷默,在《音乐教育的哲学》中提出,"音乐艺术教育,有着其独特的价值,而这种价值对于大学生以及每个社会人来说都是极为重要的,其功能完全可以与语文、数学等学科相提并论。"②艺术情感是一种更加广泛的体验,这些体验不仅仅集中在听、看层面,更加体现在精神层面,此时情感对意识的影响是无法界定空间和时间的,要体验这样的情感改变并促进意识升华,就必须具备一定的艺术素养,能够感知艺术的意境。此时艺术内涵已经不再受到语言行为的限制,其负载的精神意识必须由人去感性地理解,人对艺术的探索、创新、发现、欣赏可以使得人的精神世界更加丰富,艺术素养也就成为人理解艺术作品内涵蕴意的重要基石。从认知心理学的视角看,人的理性思维主要表现为概念判断和推理,而情感的共鸣不依靠概念,而是依靠情感与意识的共通,"人只需直接沉浸在艺术中,体验着各种微妙的感觉,不需要任何外在物作为认知的中介(例如语言),这种独特的非概念化认知方式,以及可能从中得到的收获,是别的方式无法替代的"③。不论是迈克还是雷默,都将音乐教育的情感、意识功能作为研究的对象,指明的是艺术对感觉、情绪的影响价值,并认为此价值对于人的影响更大于基础性的概念化的科学。

美国艺术教育国家标准(2014)力图促进学生艺术素养(Artistic Literacy)的提升,艺术素养是学生参与到真实情景的艺术创造中所需的知识和理解。《标准》通过一组整体性的哲学基础和终身目标(Philosophical Foundations and Lifelong Goals)明确艺术学习的基础理论和长远目标。如:艺术是一种传播媒介,它提供了既有效又基本的交流手段;还提供了传递和表达生活经历的独特的符号系统和隐喻(即,艺术是一种认知方式)。目标为具有艺术素养的公民,采用各种各样的艺术媒介、符号和隐喻手段,独立地进行创作或表演,来表达和交流他

---

① (美)伦纳德迈尔.音乐的情感与意义[M].何乾三,译.北京:北京大学出版社,1991:1.
② (美)贝内特·雷默.《音乐教育的哲学》[M].熊蕾,译.北京:人民音乐出版社,2003:89-92.
③ 杨健.一位音乐教育工作者的理想——解读雷默《音乐教育的哲学》[J].黄钟(中国.武汉音乐学院学报),2004(S1):132-135.

们自己的思想,并能通过分析和诠释别人的艺术信息来作出回应[①]。可见美国教育体系中,艺术素养的培养包含艺术学习和艺术实践两个部分,艺术学习是人通过接受教育来感知音乐、舞蹈、美术、戏曲、影视等方面的艺术能力,艺术实践则是在具备一定艺术能力的基础上去创作、表演和欣赏艺术,只有完整地接受过两个部分的培养,学生才能达到一定的艺术境界,更好地进行人与人之间的艺术交流,实现艺术对精神塑造的目标。而不论是艺术学习还是艺术实践,艺术素养的提升对人的思想意识的提高都具有十分明显的积极作用。

(二)国内研究综述

我国对于艺术素养的作用以及作用研究也是从"美"的教育开始,但我国更加凸显的是艺术的教育方法和思想引导功能,将艺术素养与美育结合起来,主张在美育或者思想教育中运用艺术素养以提升受教育者"美"的意识、道德情感乃至思想观念,其基本切入点是"以美育德"。

1. 艺术素养与美育的研究

在我国,美育的目标是服务于社会主义精神文明建设,培养学生心灵美、行为美,其过程由形式美育走向了实质美育。从教育实践上看,狭义的美育仅仅代表的是艺术教育、美感教育、审美教育等形式,界定的是关于"艺术""美学"领域的教育内容和形式;而广义的美育则是广泛"美"的教育实践,将"美"的教育引入到各个领域,使人们在生产生活实践中接受"美"的塑造与熏陶,改变人的审美价值观。在我国古代,从周朝开始就已经崇尚"礼乐","乐"在其中虽然泛指各种艺术形式,但是却必须与"礼"相互配合,此时古代教育体系就已经具备了明确的"美善"意识。到了孔子时期,他将六艺引入教学中,并强化了"乐"的美育作用,直接指出"乐"对人高尚品格的影响。

到了我国近代,王国维、蔡元培、郭沫若等教育学者也充分意识到美育对国民教化的重要意义,并指出美育的作用不可替代。近代的学者普遍认为美育是一种"真"的体现,这与原有的美育思想中"善"为主导存在一定的差异,他们认为"美"和"真"是统一的,虽然在以往的美育思想中,"真"的意识也存在于思想体系中,但仍然以"善"作为主导,近代美育的思想将"真"与"自然"进

---

① National Core Art Standards: A Conceptual Framework for Arts Learning. [EB/OL]. http://www.national arts standards. org.

行区分，形成了新的观念，突出了思想中包含了"真"的内容，这虽然与传统美育思想存在差异，但是并没有背离"真善美"的思想体系，其内容是对它的一种继承和发扬。蔡元培提出了纯粹美育论点，认为美育可以陶冶培养情感，使得人具备高尚的纯洁习惯和意识，超越人我之见，渐渐消灭自私自利之心"盖鉴刺激情感之弊，而专尚陶养感情之术，则莫如设宗教而易纯纯之美育。"[①] 可见蔡元培认为美育具有一种类似于宗教教化的功能，可以使人具备高尚的情操。

同时蔡元培还强调了艺术对于美育的直接影响，他认为，"美育之实施，直以艺术为教育，培养美育的创造和鉴赏的知识，而普及于社会。"[②] 可见蔡元培认为美育的实现必须借助艺术教育，其创造、鉴赏的"艺术素养"的提高才能达到美育的目标并惠及社会。他指出"治科学之外，兼治美术。有了美术的兴趣，不但觉得人生很有意义，很有价值，就是治科学的时候，也增添了勇敢活泼的精神。"反之"专治科学，不兼涉美术，则索然无聊。不但对自己好恶生趣，对社会毫无爱情，就是对于所治科学也不过是依样画葫芦，决没有创造精神"[③]。由此可见具备一定艺术素养的人开展科学研究可以获得"生趣""创造力"，由此更好地推动科学研究。

在当代中国特色社会主义实践中，党中央在注重物质文明的同时也非常关注社会主义精神文明建设，邓小平同志就提出了"两手抓、两手都要硬"。由此引发了诸多相关于素质教育的变革，美育作为素质教育的重要一环，也成为社会主义精神文明建设的重要手段，进入新时代，党的十八届三中全会明确提出，"改进美育教学，提高学生审美和人文素养。"[④] 可以说，党的十八届三中全会对美育这样一个目标的界定，也进一步拓展了我们对美育的认识，一个人的审美和人文素养，其实包含的内涵是非常丰富的。2015年国务院办公厅印发了《关于全面加强和改进学校美育工作的意见》，2020年中共中央办公厅和国务院办公厅又联合印发了《关于全面加强和改进新时代学校美育工作的意见》，这就进一步提升了美育在思想政治教育中的重要地位。而艺术教育在美育工作中是一个重要的方面，

---

① 蔡元培. 美育实施的方法[M]. 上海：上海商务印书馆，1924：6-11.
② 同上.
③ 蔡元培. 蔡元培全集：第4卷：1920—1922[M]. 杭州：浙江教育出版社，1997：31-34.
④ 习近平. 中共中央关于全面深化改革若干重大问题的决定——党的十八届三中全会[EB/OL]. http://news.12371.cn/2013/11/15/ARTI1384512952195442.shtml.

在"十三五"期间,美育工作的有深度有意义的开展,源于将中华传统文化中的优秀艺术贯穿其中,增强了受教育者在艺术课上的艺术体验,这个体验也就是要去欣赏美、观赏美,这样受教育者才能够产生"美"的体验和共鸣同时在感受现实美、艺术美中获得欣赏、理解美的能力,不断激发自身创造美的意识,从而充分理解和树立关于美的态度和倾向,即审美价值观,在理解美、创造美的基础上获得良性的"美"的意识,最终塑造美好的人格。可见美育重要途径之一是艺术素养培养与应用,培养学生发现美、创造美的基本能力,使之充分发挥自身的艺术素养与能力去改善周围环境和生活,使之更具艺术性、人文性,由此展现美育效果。

美育还是高校文化育人的重要途径,大部分学者都认为高校美育目标在于培养大学生基本的审美素质。冉祥华(2008)将大学美育课程目标划分为两大部分,"终极目标以及具体目标,终极目标在于指向学生身心完满发展,具体目标包含审美素质的发展目标,也就是审美意识、审美感知、体验、评价等能力、审美表现、创造能力的提升;具体目标还分为同时性目标,也就是促进学生德智体的全面发展"[1]。卢政(2011)认为,"大学美育课程目标是根据大学教育的总体目标,根据大学生个性特征,有针对性开展的,以提升大学生的人文素养,审美情趣及审美能力、完善其心理结构,促进学生健康、和谐发展。"[2]李益(2012)认为"大学美育是在学生已有较高的美育素质基础之上,对其审美素质(包括审美观念、审美情趣、审美感受、审美经验、审美能力等)培养和提升,使之进一步系统化、理性化。使学生能用审美的眼光去看待生活,能够审美的从事岗位工作[3]。陈平(2017)认为,美育应该帮助学生找到开启艺术殿堂的密码,通过体验、思考、对话提高学生的审美能力[4]。由此可见,美育对于学生人文素养的提升与综合素质的建构具有非常重要的意义。

2. 艺术素养、美育与道德教育的研究

艺术素养、美育与道德教育之间的关系在教育史上由来已久,其相互促进与

---

[1] 冉祥华.大学美育课程的设计与操作[J].黑龙江高教研究,2008(9):177–178.
[2] 卢政.大学美育课程建设浅谈[J].美与时代(下),2011(9):112.
[3] 李益.关于大学美育目标的思考[J].中国教育研究与创新,2004,001(006):1–3.
[4] 陈平.美育为什么重要——基础教育中美育的价值和实现途径[J].课程.教材.教法,2017,37(02):4–9+93.

影响的思想早在先秦时期就已经形成，虽然没有明确对"美育""道德教育"进行定义，但是孔子已经在"兴于诗，立于礼，成于乐"中明确指出了美育、德行、艺术素养之间的朴素关系。孔子认为：人的高尚的修养（德行）的形成，需要三个阶段，开始需要学习《诗》，中间阶段需要学习礼仪，最终形成高尚的情操还要学习乐。由此可见，"礼乐"思想作为最初的艺术素养与德行教育的结合，在先秦时期就已经成为主要教育思想。

孔子指出"诗"对于育人的重要作用，古代的诗词是一种综合性艺术形式，其不仅仅是文字更是"歌唱""音乐"的集合，因此借助诗词可以教化学生。孔子还指出"立于礼"是指通过"礼"的教育使学生的行为符合道德规范。《论语·季氏》曰："不学礼、无以立。"拓展了诗词教育的领域，使之和礼教结合起来，从而将感性形式融入理性内容中，培养学生具备良好的情感体验以及思想意识，并使之形成完善的人格。"成于乐"则是培养仁人君子的另一重要方式，他们在"乐"的熏陶中完善人格修养、提升思想境界。这其中的"乐"不仅仅是艺术本身，更是一种情感的综合体验。"礼乐"可以感化人的内心、规范人的行为，促进人的行为达到"仁"的标准，从而塑造完美的人格[1]。孔子的"兴于诗，立于礼，成于乐"正是描述了人格提升的过程，既通过感性，又超越感性，这样才能完善人格的修养，且这种修养过程并不是枯燥的说教或强制的规范，而是感性与理性合二为一的自由的理想的教育境界[2]。这正是孔子所认为的艺术审美境界，艺术教育对于人格塑造与养成起着不可替代的重要作用。

西汉的思想家董仲舒在继承礼乐教化方面也有自身的见解，他借助"天人感应、天人合一"的思想来为礼乐教化赋予了合法依据。他认为政权是十分短暂的，多变的。朝代更迭往往十分常见且短暂，教育、文化、艺术的传承则不会间断，能更加关乎人长久的发展。他指出，"乐者，所以变民风化俗也，其变民也易，其化人也著。"[3] 释义为礼乐教化可以改变民风，形成风俗，改变民风相对容易，塑造人的效果也显著。这说明礼乐教化通过长久的影响，可以在社会中形成一种思想意识，即"风俗"，这样的影响比起政治手段更加普遍且有效。他的思想在借鉴先秦儒家思想的基础上进一步突出礼乐道德的社会治理功能，即礼乐教

---

[1] 顾勤. 孔子的乐教观及其对当代艺术教育的启示[J]. 北方工业大学学报. 2006（6）：87.
[2] 聂振斌. 儒学与艺术教育[M]. 南京：南京出版社，2006：30.
[3] 聂振斌. 儒学与艺术教育[M]. 南京：南京出版社，2006：111.

化功能对"民风民俗"的改变，他认为"艺术"教育的作用已经足以改变人的习惯和意识。董仲舒提出"天"是主宰社会的最终力量，按照天意行事才能获得发展。当然这具有很强的唯心主义色彩，是一种封建帝制思想的拓展，但是他所提出的"天人感应"对艺术发展产生了一定的影响，他认为诗歌、舞蹈、音乐、绘画等都应由"天人合一"标准来界定，各种艺术形式、艺术教育，以及艺术素养形成都应符合"天"的要求，其思想核心在于礼乐教化符合天定标准，其教化的成果是人的行为、意识符合人的需求、是一种朴素的，具有神秘主义色彩的"艺术教化意识"的思想，其思想中蕴含着艺术素养与人格塑造的关系，具有较强的启发意义。

近代的教育家们也十分关注艺术对于道德教育的辅助作用，蔡元培就明确指出艺术是辅助德育的重要形式和方法，可以借助艺术教育来陶冶情操和塑造性格，高尚的道德和纯洁的品格可以帮助民族振兴，因此其教育的理念中艺术是方法，人格是目标，也就是说，美育是一种手段，其形式则是艺术教育。美育、艺术教育始终围绕道德修养开展，即"纯粹之美育，所以陶养吾人之感情，使有高尚纯洁之习惯，而使人我之见，利己损人之思念，以渐消沮者也"①。他认为消除不良思想，建立良好道德品行是美育的重要目标之一。由这个逻辑可见，蔡元培认为美育的形式是艺术教育，而美育的目标则是建立良好的道德品行，所以艺术教育对道德修养培养而言也是十分重要的手段。

著名的学者郭沫若在文学、历史、书法、考古等领域都颇有建树，他的书法在当代书法史中有着重要的艺术地位。在他看来，在创作书法作品的时候需要重视对灵魂的触动，而良好的道德品格优于书法的创作，他认为艺术教育的目标就是"以美育德"。艺术可以充分表达作者的思想境界，良好的思想意识能够提高艺术创作的价值。可见，借助于艺术作品的创作与鉴赏活动，人的艺术素养与道德修为间产生了双向影响与互动，由此进一步论证了二者间的密切关联。

在长期领导中国人民进行革命和建设实践中，毛泽东认为好的艺术作品必须兼备政治性内容与艺术性形式，他指出"任何阶级社会中任何阶级，总是将政治性排在首位，将艺术性排在其次。"②他认为，低俗的文艺作品一旦被广大群众所

---

① 高平叔.蔡元培全集：第 3 卷 [M].上海：中华书局，1984：33.
② 毛泽东.毛泽东选集：第 3 卷 [M].北京：人民出版社，1991：896-899.

接受，对于人民的思想危害很大，这种会荼毒人民的劣质作品，就应该被抵制和消灭。他还提出艺术性不能忽视，否则艺术作品就不能被称之为艺术作品。对于艺术创作，毛泽东一方面认为必须将政治融入其中，缺乏政治的艺术形式和艺术内容都是无法具备观赏性的，只有具备政治内涵的艺术才能激励人民群众；另一方面也指出艺术作品必须突出审美价值，如果失去审美价值，即使政治性再突出、再正确也不完美。可见，毛泽东始终认为政治与艺术结合能够产生巨大的影响效果，"文艺育德"就是将二者结合，从而达到艺术性与政治性的和谐统一。

关于德育与美育的相互作用关系，当代学者进行了更为深入地研究和思考。刁华（2007）认为，美育与德育是相互关联的，他们有相近的目标、相同的情感和相似的内容，但二者侧重点、性质、手段与方法又有所不同。当它们相互作用时，美育可以为德育奠定良好的情感基础，增强德育的吸引力和凝聚力。德育在美育中起着保障和引导作用，人们的世界观、人生观和价值观决定并影响着人们的审美标准，人们的政治理想和道德观念将对其审美理想、审美观念和审美情趣产生重大影响[①]。杜卫（2018）认为，美育的外在德育功能是通过美育的感性方式来达到道德教育的目的，而内在德育功能则来自审美和艺术本身具有的道德养育作用，因此美育是德育艺术化的实践[②]。

这也说明艺术、艺术素养对于道德修养可以产生正向影响，成为载体的基础。

3. 艺术素养与思想政治教育的研究

思想政治教育是党领导人民群众在革命建设实践中形成的概念，然而在中国古代关于艺术素养与道德修养、美育与德育关系的思想并不少见，其中便以孔子的礼乐教化思想为代表。我国历史文化传承悠久，不论是古代还是现代，我国人民对于艺术的追求始终没有停止。在漫长的历史长河中，艺术承载了丰富的人文内涵，也在不断发展中被赋予了深刻的教化功能。古代教育家、思想家孔子就将诗歌、礼乐作为教育学生的重要手段，所倡导的"六艺"，其中就包括了"乐"的教育，是我国最早将音乐融入教化思想过程中的先驱者。孔子认为礼乐教育对于人的思想有着重要的影响，是培育高尚人格的重要途径，在其教育实践以及教

---

① 刁华，刘雨春.论高校美育与思想政治教育的关系[J].黑龙江教育学院学报，2007（12）：45-46.
② 杜卫.论美育的内在德育功能——当代中国美育基础理论问题研究之二[J].社会科学辑刊，2018（06）：48-58.

育体系中，也凸显了"乐"对于人思想意识的教育功能。孔子提出的"乐"不是单纯的音乐，而是泛指综合性的艺术形式，包括了诗歌、音乐、舞蹈等等，其核心的乐教思想就是通过良好的"乐"来感动人、规范人，这可以看作是最为早期的艺术素养对人的思想意识的影响的认识和应用。

就"思想政治教育"这一概念而言，在我国最早出现于中华人民共和国成立初期。1951年，刘少奇同志在《党在宣传战线上的任务》报告中明确提出了思想政治教育的概念，随着党和国家建设对于思想意识要求的改变，1957年毛泽东再次对思想政治教育进行阐释。1980年，钱学森提出了思想政治工作科学化的思路。1983年，中央要求综合性大学院校，有条件地增设政治工作专业或者政治工作干部进修班，而为了落实此项要求，教育部通过论证会，最终确定此类学科为"思想政治教育学"，专业为"思想政治教育专业"，1984年，高校正式设立此专业，随着研究地深入和不断拓展，今天完整的学科体系才得以形成。

关于艺术素养与思想政治教育关系的研究，学者们从不同方面提出了一些看法和观点。檀传宝指出，美育活动的终极目标，是学生完美道德体系与人格的创造，即德育作品美的创造。[①] 杨波婷教授则针对大学生教育中，艺术教育对思想政治教育的作用进行研究，指出情感美育模式可以推动思想政治教育的效果提升，通过美育体系中的艺术素养、艺术情感、艺术创作能力教育的形象性、转化性、非功利性和终身性等特征，来对大学生的个人价值观、人生观等进行重塑，培育大学生的民族精神、时代精神，由此提高高校思想政治教育工作的有效性和柔性，从而更好地培养全面综合型人才。由此可见，艺术教育、艺术素养在思想政治教育中体现出的是更加富有情感的教化功能，可以形象化的、非功利性的、终身性地影响大学生的思想意识，进而达到更好的思想政治教育效果。

祖国华博士在其博士论文中提出，以往的思想政治教育缺少了审美维度审视，思想政治教育的审美化过程就是将审美方法和手段应用于思想政治教育的实施过程，重塑思想政治教育的内在审美维度，提高思想政治教育的有效性。[②] 许韶平深入分析了高校思想政治教育审美化相关问题，进一步推进了思想政治理论课的教学改革，作者认为，思想政治教育审美化研究的主要研究对象是政治思想、伦

---

① 檀传宝.对德育过程的改造——论德育形式美[J].现代教育论丛，1997（03）：1-6.
② 祖国华.思想政治教育审美问题研究[D].长春：东北师范大学，2009.

理规范、人格素质等具体内容，通过审美化思想政治教育模式，突出人的主体性作用，有助于实现思想政治教育有效运行的新途径。[①]

此外还有学者从实践教学的角度对二者的结合进行了研究和思考，章丹丹指出要将思想政治教育与艺术教育实践结合起来，在舞台剧的教学中引入思想政治教育的内容，在教学、创作、演出中体现社会主义的价值观、爱国精神、道德意识等。此外，艺术教育与思想政治教育融合还体现在具体的艺术教育中，一些学者关注到道德修养在艺术教育中的重要价值。道德修养、专业技能，即"德艺双馨"思想的应用，不仅仅可以提升专业技能，还能够促进学生的思想觉悟、价值观、道德观、世界观发生改变，使之适应社会主义建设和发展的需求，实现思想政治教育的目标。很多专业学者在艺术院校的教学中，尝试将艺术技术、知识、素养与思想政治教育加以融合和促进，由此来提升艺术类专业思想政治教育的实效。

总体来看，尽管国内外学者从不同方面对这一问题多少有所涉及，但多数只是看到艺术素养对人的思想道德、美育对德育的影响和促进作用，而对于这种积极的促进作用是如何产生、其内在机理与实现形式的研究仍较为缺乏，因此在这一方面还具有较大的扩展空间。事实上，艺术素养作用于思想政治教育的根本逻辑在于艺术对美育、美育对于道德修养、思想意识的相互影响之上。一方面艺术教育中对艺术素养的提升与培养，对于美育有着重要的基础作用，是提升美育效果的重要手段；另一方面美育能够孕育高尚的道德情操价值，这也是不言而喻的。由此可见，在二者的相互作用中美育扮演了重要的中介角色。借助美育对人良好情操的影响和塑造能力，艺术素养与思想政治教育间产生了内在关联。围绕这一基本思想，论文试图在艺术素养对思想政治教育的影响机理、作用形式、实现路径等方面展开更为细致的研究，从而推动学界在此问题上的认识的发展。

四、研究内容和创新尝试

（一）研究内容

基于对国内外相关文献的研究和梳理，论文主要尝试在艺术素养与思想政治

---

① 许韶平. 高校思想政治教育审美化解析[J]. 山西高等学校社会科学学报，2013，25（11）：83-86.

教育间建构起有机联系，探讨艺术素养对思想政治教育产生影响的作用机理和实现方式。围绕此内容论文共分为五个部分。

第一部分：基本概念与理论资源。首先对艺术素养、艺术素养的美育属性、艺术素养对思想政治教育起到的作用进行分析阐述。目的是通过概念阐述和界定，厘清艺术素养的基本内涵、艺术素养的美育属性以及对人思想意识的影响，明确艺术素养对思想政治教育有着一定的正向作用。指出艺术素养不仅仅是美育的目标之一，与思想政治教育之间也存在必然的关联。梳理整合马克思主义理论、毛泽东思想、习近平新时代中国特色社会主义思想中蕴含的艺术素养与思想政治教育相关思想，为研究提供理论基础和指导。同时，将艺术素养与思想政治教育互动相关的国内外教育思想和理论进行整理，强化相关研究的思想理论借鉴。

第二部分：艺术素养、美育与思想政治教育。通过对三者关系的分析和论证，将艺术素养、美育、思想政治教育之间的内在联系加以明晰，指出美育在连接艺术素养与思想政治教育之间发挥的中介和纽带作用。

第三部分：艺术素养对思想意识的影响。研究分析艺术素养对于思想意识的影响根源，通过个体、群体、社会三个层面揭示艺术素养对于思想意识影响的客观性，为论证其与思想政治教育直接关系提供依据。

第四部分：艺术素养的思想政治教育意义。将艺术素养和思想政治教育结合起来，深入分析艺术素养对于人在思想意识影响上的作用与意义。指明艺术素养内涵的思想性与观念性要素，分析艺术素养对人思想境界、理想信念、价值取向的重要作用，以及对人全面发展的重要作用。同时，深入分析了"以美育德"的思想根源，借助"美""善"同源的基本思想，论证艺术素养对人格的重要价值。

第五部分：提升艺术素养思想政治教育价值的多维路径。艺术素养对于思想政治教育有着重要的"人本"意义，通过艺术素养的培养可以为思想政治教育的全过程提供有效途径，因此，提升艺术素养对于思想政治教育而言有着重要的现实意义。指出提升艺术素养的思想政治教育价值主要包括家庭教育、学校教育、社会教育、网络教育等基本路径。

（二）创新尝试

通过对艺术素养的思想政治教育价值研究，揭示艺术素养与思想政治教育本质联系，在以下三个方面做出了创新尝试：第一，进一步阐明艺术素养的培养是一种精神意识的塑造，具备突出的思想意识作用和价值。艺术素养客观存在于每个人的精神世界，且与人的价值观、道德观存在关联，是美育塑造人的重要载体、途径和目标。通过提高艺术素养并将其加以外化，可以发现其对于人的基本素养存在影响，其本质是"美善"之间的相互引导和影响，人具备较高的艺术素养，有助于提升其自身发现美的能力，"以美引善"得以发挥。第二，借助中介理论论证艺术素养、美育、思想政治教育之间的逻辑关系。通过艺术素养与美育的隶属关系、艺术素养与思想政治教育的意识共通性分析，阐述美育是艺术素养和思想政治教育的纽带。借助"美"，使艺术素养与思想政治教育的精神属性、意识属性相连接，指明二者"以美育德"的育人本质，将"意识"作为二者关联的共通处，说明艺术素养、思想政治教育之间存在"意识共通"，即艺术素养、思想政治教育在"美德"层面存在直接关联，思想政治教育可以借助受教育者艺术素养的提升，对其"思想意识"产生影响，从而对其理想信念、道德修养、人格修为产生影响。第三，探讨提升艺术素养思想政治教育价值的多维路径。从多个角度提升其对思想政治教育的价值，将理论成果与实践结合，通过多维路径来达到目标。借助艺术素养的广泛性特征拓展思想政治教育的视角和路径，将家庭教育领域、学校教育领域、社会教育领域、互联网领域中的诸多思想政治教育元素关联起来，全方位地增强艺术素养的思想政治教育功能，并最终达成提升思想政治教育实效的目标。

第一章 基本概念与理论资源

一、基本概念

本文研究的核心内容是艺术素养的思想政治教育价值，因此，在相关概念梳理中重点对艺术素养、艺术素养的属性、艺术素养与思想政治教育的美育中介及二者之间"精神"契合进行阐述和分析，以明确本文研究所涉及的相关概念和逻辑关系。

（一）艺术素养

艺术属于社会意识和上层建筑的范畴，是特殊的人类精神活动的产物，形成与发展伴随着人类文明进步。艺术是人类对一定审美观念、审美趣味、审美理想的追求，这些追求在客观世界中形成具象的艺术形式，包括音乐、舞蹈、戏剧、绘画、电影、书法、摄影、雕塑、建筑、文学、曲艺等。随着人类思想的多元化，各种艺术形式也不断衍生、丰富、融合，如书法与建筑、绘画与建筑、摄影与雕塑等，多种艺术形式产生碰撞和融合，诞生了如今多样、多元的艺术形式。艺术是人类精神世界的外在体现，人类通过对形象和理性的结合、情感和逻辑认知的结合、审美活动和意识形态的结合，创作出符合人类精神需求的艺术形式，艺术素养的界定也是从感性形式出发并对其附加了思想意识内涵。

朱立元在其编撰的美学词典中写到，艺术素养亦称"艺术修养"。指人对艺术的感受、体验、评价和能动创造的能力，是"审美修养"或"美学修养"的主要内容，包括对艺术理论、艺术史知识的掌握，对艺术创造、艺术鉴赏、艺术发展规律的理解，以及对艺术的感受力、想象力、判断力、理解力、创造力等[1]。

---

[1] 朱立元主编. 美学大辞典[M]. 上海：上海辞书出版社，2014：643-648.

在《马克思恩格斯全集》第42卷中，马克思对艺术及艺术素养有关内容展开了论述，包括对艺术总体规律的把握，对某些艺术门类、样式特殊规律的把握，对艺术同社会生活，同其他意识形态相互关系的理解，以及对艺术内容、形式、方法、技巧的掌握，它们都来自长期的艺术实践和艺术教育、审美教育，并受人的世界观、美学观、社会观、人生观的制约。艺术素养随着社会生活和艺术实践发展而不断发展，不同时代、社会背景下的个体，其艺术素养有高低、广狭之分。艺术素养直接制约着艺术鉴赏的敏锐性、深邃性和艺术创造的真实性、典型性、感染性以及个性特征[1]。

在此基础上，本次研究对艺术素养的界定倾向于，它是人类对艺术形式的欣赏能力、创新能力、传播能力、评价能力的综合素质；是人对"艺术"形式的学习和理解，从而形成的自身对艺术的独特思维定式；是人对"艺术"产生内在的、相对稳定的联想、想象、移情的心理基础；是人接受和感知"艺术"中蕴含的美的元素，以及深刻的精神内涵的潜在、自觉意识。艺术素养可以说是一种人类理解和接受"艺术信息"的综合能力，与自身的艺术水平、文化背景、意识形态、价值观等都存在关联，其外在体现是人对同一"艺术"作品、形式的理解差异，或者表现差异，这是一种艺术认知和修养的外在体现，艺术素养可以通过艺术知识储备、艺术形式学习和理解等来提升。

（二）艺术素养与美育

艺术素养源自于艺术学习与教育，作为艺术在人精神世界的意识塑造结果，与美育之间存在必然关联，是美育所形成的人对于"美"的认知能力，也是美育的重要成果之一。

1. 美育概述

当前"德智体美劳"作为国民教育的重要组成元素，其教育过程、目标是总结人类已经取得的经验，继承前人的成果，不断发掘人类的潜能，提高人的本质力量。"德智体美劳"有着不同的分工，所呈现的教育结果和方向也不同，智育是一种理性知识的传承，即在教育中将以往的经验、理论、方法等加以传承，使人理解客观规律并由此获得生存、发展的能力。德育则是对人的思想意识进行引

---

[1] （德）马克思，恩格斯. 马克思恩格斯全集：第42卷[M]. 北京：人民出版社，1979：126.

导，使之树立正确的善恶观念，行为准则等。体育则是让人获得提高自身身体素质的方法、能力等，强健体魄，挖掘身体潜力。

美育在很长的时间里并没有完整的定义和体系，人对美育的认识还不够清晰和完整。纵观历史，美育思想早在古代就已经出现，如柏拉图、亚里士多德，乃至我国古代的孔子，都对美育有着初步的认知和应用。经过不断的发展，德国著名的文学家、思想家席勒，最早提出和确定美育观念和理论体系，他在著作中对美育的性质、内容、任务以及社会意义做了比较全面的论述。

席勒在阐述美育对人格塑造的作用时指出：人具备三种不同的状态，第一是自然人，其对于美的感知是被动的，是一种直观的体验阶段；第二是理性人，其对于美的理解更加道德化，是一种主动地判断美和理解美的阶段，其具备一定的审美标准；第三是审美人，即处在一种自由状态的人，可以感受自然力量和道德束缚，但是却可以在意识中获得理性的自由。此时他认为，"要使感性的人变成理性的人，除了首先要使他成为审美的人，没有其他的途径"[1]。虽然席勒的美育观点引领了现代的美育思想，但其建立在资产阶级的道德基础上，其形成的系统联系和框架缺乏一定科学依据。

对美育做出科学解释的是马克思和恩格斯，马克思和恩格斯基于唯物主义基本观点，将美育置于人类社会发展进步与人的本质力量的论述中加以考察。恩格斯在《劳动在从猿到人转变的过程中的作用》中指出"动物仅仅是利用外部自然界，单纯地以自己的存在来使自然界改变。人则通过他所做出的改变，来使自然界为自己的目的服务，来支配自然界。这便是人同其他动物的最后的本质的区别，而造成这一区别的还是劳动。"[2] 恩格斯认为人类的劳动一方面在改造自然，一方面也在改造人类本身，使得人类本质的力量得到最大的发挥，进而展示出美育产生的社会实践基础。马克思在谈到人的本质和本质力量时说："动物只是按照他们所属的那个种的尺度和需求来建造。而人类却懂得按照任何一个种的尺度来进行生产，并且懂得如何将内在的尺度运用到对象上去，因此人也按照美的规律来建造。"[3] 马克思所指的"美的规律"是人类在长期改造自然和社会的劳动中，逐步

---

[1] 朱儒楚. 美育与艺术欣赏[M]. 北京：中国物资出版社，2009：3.
[2] （德）马克思，恩格斯. 马克思恩格斯选集：第4卷[M]. 北京：人民出版社，1995：383-384.
[3] （德）马克思，恩格斯. 马克思恩格斯全集：第42卷[M]. 北京：人民出版社，1979：97.

掌握并不断发展深化的规律，是合目的性与合规律性的统一，是一种基于对必然认识的自由表现。因此，进一步加以引申可以认为美育是指按照美的规律来塑造理想人格、促进人与自然、人与社会和谐统一的教育方式。因此美育是一种对美的规律的传播和教育，其过程和结果都应是客观规律与主观意志的统一。

2. 艺术素养与美育的关系

美育是一种审美实践活动，离不开美的事物。大千世界的美，为人提供了生动、丰富无比的审美素材，这些鲜明的直觉形象充斥着人的感官，只要发现和体验就可以无时无刻不感知到周遭的美，所以"美"总给人带来生动愉悦的感受，美育引导人塑造、发现和体验美的审美意识，此时"美"的感受无须那种耳提面命式地教导和说教，自然而然地就可以影响人的思想意识。美育所形成的教育体系和目标更加强调人在审美实践中去直观地感受和体验，而不是学习数理化那样侧重抽象思维定式和概念界定，因此美育更加情感化、具象化，所塑造的感知美的能力也更加感性。

艺术是社会生活的产物，伴随着人类的发展与进步而形成。可以说，社会实践是艺术的源泉，任何一个历史时期和社会形式下都有其独特的艺术形式，而艺术之"美"则是美育中必不可少的教育元素。艺术也是艺术家对社会生活的能动的意识化反映。艺术对社会生活的反映不是机械、刻板、消极的，而是一种积极的能动的反映，即毛泽东认为的"艺术源于生活却高于生活"，所以艺术的"美"是经过意识、思想加工且可以被大众所接受的。生活元素通过艺术加工，最终形成的艺术之美具备了情感性、典型性、理想性，而其对于美育的价值也随之升华，使之可以教化人性。因此艺术对于美育的价值是不言而喻的，其不仅仅是人对"美的规律"的掌握，更是对"美的规律"的发现、理解、反映、蕴意，所以源自于生活且高于生活的艺术之美可以实现当代美育的目标。

艺术素养作为艺术欣赏以及发现艺术美的重要能力，也是一种审美活动，这与美育的审美实践存在必然的逻辑关系。审美实践活动中必然包括对艺术美的欣赏和体验。由此可见艺术素养蕴含着审美活动的要求，同时又是美育的基本内容。艺术素养作为美育中的审美活动的基础而存在，是审美实践的重要的思维过程、学习过程。艺术素养是人对艺术之美进行审视和理解的能力，可以说是发现美的重要手段，因此艺术素养可以推动美育的目标实现，就如马克思所言的"音乐的耳朵"一样，艺术素养是发现"美的规律"的重要基石，只有具备一定的艺术素养才能理解和发现美，才能被"美"所感动，进而形成美好的品格和情操。由此可见，艺术素养与美育之间存在紧密关联，美育中包括了艺术教育的内容，艺术教育的目标不仅仅是让人具备"艺术技艺"，更重要的是赋予人聆听、观赏、理解艺术美的耳朵、眼睛、头脑，因此，培养艺术素养不仅是艺术教育的重要目标，自然也是美育的重要目标，毕竟只有具备了欣赏美的基本素养、自觉意识、理解能力，才能更好地接受"美"所传递的"育"的内容和内涵。

（三）艺术素养的思想政治教育作用

1. 艺术素养强化思想政治教育的人格塑造

艺术素养具备了突出的美育属性，艺术素养的培育目标是影响和塑造"高尚的人格"，即通过艺术的潜移默化来感化人、影响人，使之可以提升自身的思想境界和人格水平，这一目标下"美"与"善"可以在美育的中介作用下形成关联与互动。艺术素养的形成以及提升可以改变人对"美"的欣赏、理解能力，社会自然与艺术作品中所蕴含的"美"可以被发现，并对人的思想意识产生影响，人就会懂得欣赏美、表达美。美育中对"美"的发现可以影响人的"善"念，善念增加、内化也必然引发人思想意识的改变，就可以实现"德"的塑造，并促进"德"的外化。由此可见，美育和道德修养培养对人都有着由内而外的影响效果，二者的契合之处是"人格"的塑造，即人格养成过程中内化观念，并在付诸欣赏、创作、行为规范时将其转为外化具体行为。

思想政治教育从本质上看是对人思想意识的教化，也是一种内化外化的思想引导教育过程。它通过各种途径对人进行意识影响、思想教育，使得人的行为发生改变，促使人的行为符合社会发展、人类发展的需求，在人的思想和行为符合社会发展与建设的基本需求时，也推动人自身的全面发展。思想政治教育中也必须重视对人格的塑造，不论是使用何种教育方式，所需要达到的目标就是影响人的思想意识，并使之形成符合社会、自身发展需要的健全人格。健全的人格包括：良好的认知能力，可以很好地表达自我、处理人际关系、综合分析与学习；良好的性格，如自尊、自信、积极向上、自制力等；良好的自我意识，积极自我认知、成熟的自我控制、客观的自我价值感、良好的自控等；良好的价值取向，正确的人生观、价值观、诚信意识、和谐意识等。

借助于美育的养成和训练，艺术素养通过对良好人格的塑造与思想政治教育间产生了影响与关联。它通过提升发现"美"的能力，帮助人形成良好的性格，即通过艺术陶冶作用来实现"人格"的塑造。艺术素养作为人发现"美"的基础，也是人领悟"美"的重要精神意识基础，在"美"的教化作用下改变人的思想意识，进而塑造美的"人格"，在这个视域下，艺术素养与思想政治教育的人格塑造是契合的。艺术素养对健全人格的影响效果与思想政治教育的人格塑造需求，可以形成良好的互动和促进，思想政治教育可以借助艺术素养的培养和提升来渗透思想教育、人格教化的目标和内容，推动良好人格的形成，美育的教化作用在艺术教育、艺术素养的形成中塑造了"高尚人格"，无疑契合了思想政治教育的"人格"塑造的目标。

2. 艺术素养促进思想政治教育的观念承载

艺术素养是对艺术美的认知感悟、鉴赏表达能力，借助学习和意识转变提升艺术素养，也改变着人对"美""善"的认知深度和广度，每个人对于"美"的理解不同，也就会产生不同的"审美意识"，不能否认的是艺术素养的提升，可以使人感知"美"中更深层的精神、思想内涵。思想政治教育是一种对人意识的教化，使得人可以认同特定思想观念，认识到自身行为与社会主张的偏差，从而进行自我修正，改变思想意识，最终形成良好的行为。从这个角度看，艺术素养与思想政治教育，在思想观念的作用媒介中存在共通，在思想政治教育实施的过程中可以通过"美"来丰富教化内容的承载形式，将"美"的引善作用与思想政治教育结合。如：艺术作品承载了社会主义的思想意识，欣赏者借助自身的艺术素养就可以接受其意识内核，进而烙印在思想中，使之成为"引善"的思想基础。

艺术美蕴含着丰富的人文、社会信息，当然也包含着最为直接的"美""善"的信息，艺术美的感染力，可以引发人对世界观、人生观、价值观的思考，过程中如果具备了"发现美的耳朵"，人自然也就可以理解其中蕴含的思想观念的意义。"美"可以使得主体、客体在评价和赏析中产生联系，各种"美"的经验、意识在美育过程中完成交互，此时艺术素养支持受教育者理解教育者所表达的思想内涵，则可以引发共鸣，并使受教育者感知和接受美育中的良性意识，进而升华其精神境界并塑造人格。思想政治教育作为教育的一种形式，多样的教化方式显然是不可或缺的，美育中的艺术教育显然是一种重要、灵活、易接受的方式，人对美的内涵理解也可以看作一种思想教化的过程，人的艺术素养则是发现、接受教化的"耳朵"，人通过自己的感官理解艺术美中的思想意识，并在这一过程中接受着美育、思想政治教育所负载的思想观念。

3. 艺术素养激发思想政治教育的情感共鸣

艺术素养与思想政治教育之间还存在着情感互动。艺术素养的美育塑造必然伴随情感交互，而思想政治教育的过程中教育者、受教育者也存在必然的情感互动。如今人的思想意识在各种外在因素的影响下呈现多样化、多元化，公众对世界的"认知"已经不仅仅局限在教育者身上，有很多人用质疑的态度来接受外部信息。如果教育者单纯依靠说教来实现意识灌输、思想教化，显然已经过于单一。多元思想世界中，"情感"的精神和人文价值被凸显，这与思想政治教育的"思想""意识"内核有着直接的关系，毕竟思想政治教育所要达到的目标是"思想和观念"的教化效果，而人是富有"情感"的存在，借助情感教化显然更加契合人的需求。

"艺术美"的素材源自于生活，"艺术美"的成果即艺术作品却又高于生活，是实践者精神、情感的外化，例如：音乐、绘画、雕塑、电影，乃至短视频都蕴含着丰富的情感内涵。众多艺术形式虽然可以被直观感受，但是其蕴含的情感内涵则需要被意识所"发现"，艺术素养就是人发现意识和情感的"精神之眼"。艺术素养的高低影响到其产生情感共鸣的差异，与艺术素养低的人相比，艺术素养高的人可以产生更多的情感共鸣，并发现更加深层的"意识美"，体悟艺术蕴含的更高精神影响力，在共鸣中获得愉悦和精神升华，所以艺术素养可以帮助思想政治教育生成由浅至深的情感共鸣。

另外，艺术素养可以将较为硬式的思想政治教育过程转化为情感共鸣过程，如：鉴赏艺术、体验艺术之美时，借助情感的共鸣实现潜移默化的思想影响。思想政治教育的教育感染力也在美育的过程中更容易被人所接受，此时艺术素养、美育、思想政治教育中的意识成分相互交织影响，形成螺旋上升模式，即思想政治教育可以将更多、更深刻的教育内容融入美育中，不断升级美育的精神层次和情感内涵，人通过艺术素养的提升可以感受更加深刻的美育意识内涵，这样共进的、螺旋上升的教育模式，使得思想政治教育的效果在艺术素养的提升中不断增强。借助艺术素养的提升，人的情感共鸣得到强化，借助情感共鸣，受教育者的思想、意识、信仰得到"美"的陶冶，不断改变人的品格和意识，逐步形成和完善适应自身和社会发展的价值观、道德观，从而推动思想政治教育目标的实现。

二、理论基础

本文研究的核心问题是艺术素养与思想政治教育的关系和价值，即在思想政治教育中发挥艺术素养对于人思想意识的影响效果，塑造其良好思想与行为模式。此研究目标需要借助诸多理论方法作为支撑，其中马克思、毛泽东以及习近平关于艺术素养与思想政治教育间关系的论述为本研究提供了直接的理论基础。因此，下面将从诸多艺术理论和思想意识教化方法中，选择具有代表性的理论观点，作为研究的理论支撑，为后续研究提供方向。

（一）马克思论艺术素养思想与思想政治教育

马克思对于艺术的价值较为重视，在理论研究和社会实践，以及相关规律总结中都体现了其对于艺术功能的深刻认识。马克思已经明确地认识到艺术的精神价值以及对人意识的影响，为此其提出了诸多关于艺术实践、艺术作用的论述和观点，深刻阐发了精神文明与物质文明的内在关联与相互作用，指出艺术素养与人类精神文明的发展有着必然关联，且有着重要的作用。

1. 马克思关于艺术素养论述的哲学基础

首先，马克思关于艺术素养的论述突出的是人的全面发展的哲学思想。马克思人的全面发展思想摆脱了抽象人性论的泥淖，是辩证的、唯物的思考人及其活动的关系，指出人的发展是一个通过本质力量的对象化来不断发展和完善自我的过程，即"人以一种全面的方式，也就是说作为一个完整的人，占有自己的全面的本质"[①]。马克思认为人的全面发展是劳动、需要、能力、人际、个性等全面发展，而人对美的感知以及人格的塑造显然是全面发展中不可或缺的构成部分，作为掌握世界的一种重要方式，人在艺术上的发展需求、能力提升显然是人全面发展的重要内容之一。

其次，作为人类文明的重要标志，艺术是人类精神世界发展的重要表现。马

---

① （德）马克思，恩格斯. 马克思恩格斯全集：第3卷[M]. 北京：人民出版社，2002.

克思认为文明是人类社会特有的现象。人类通过劳动创造，从动物属性脱离，进而开启了人类文明的时代。人创造的不仅仅是物质财富，还有精神财富，因此精神文明与物质文明是相互伴随的。物质是精神的基础，精神反作用于物质，生产力的提升是社会发展的决定性因素，但是也不能忽视精神文明的重要价值，"每一历史时代的经济生产以及由此必然产生的社会结构，是该时代政治和精神的、历史的基础"[①]。艺术作为上层建筑由特定的社会经济基础所决定，同时反过来又会对社会发展产生重要影响。

个体的艺术素养提升显然可以为社会精神文明进步做出贡献，它对于精神文明的发展有着重要的推动价值。马克思认为，精神文明是物质文明的必要补充和发展条件，特别是社会意识形态的改变，对于物质文明发展意义重大，艺术作为重要的精神文明内容，为人类提供了精神传承的方式，而作为艺术的个体表征，艺术素养对于文明的价值也不言而喻。马克思认为人掌握世界的四种方式是理论、艺术、宗教、实践的四种人类活动，其中包括了艺术。通过这一论述可知，艺术作为人类文明的一种表现形式，在人类世界中有着重要的情感、传承和精神价值，艺术反映了人类对于客观世界的主观理解。由此可见，无论是个体发展还是社会进步，艺术在其中都扮演着十分重要的角色。

2. 马克思关于艺术素养与自由王国的论述

马克思认为"自由自觉的活动"是人的本质特征。自由王国的思想体现在《资本论》中，马克思认为自由王国是一种理想社会状态，是必然王国的终点，此时人类已经不需要仅仅为了生存而与自然斗争，随着生产力扩大，人类发展扩大，此时自由王国中，社会化的人联合起来进行生产，将合理地调节人与自然之间的物质变换，形成一种协调控制体制，不是盲目地借助外部力量来统治人和社会。作为对必然王国的否定与扬弃，自由王国开启了人类发展的新纪元。马克思的自由王国思想不是理想化的虚幻自由的王国，而是一种精神发展、物质发展的和谐统一，其是建立在必然王国基础上的人类发展的方向，可以说规划了未来人类社会的形态。马克思认为自由王国不仅仅是物质的自由也是精神的自由，人与人之间、人与自然之间呈现一种和谐状态。由此，马克思认为在共产主义社会，生产

---

① （德）马克思,恩格斯. 马克思恩格斯选集：第1卷[M]. 北京：人民出版社，2012：585-592.

资料私有制已经被消灭，阶级和阶级压迫不复存在，人突破了以往社会分工的限制，实现了自身本质力量的自由全面发展，进入新的阶段。这一阶段在人全面发展、社会共同生产基础上实现了人的自由个性，由此人的全面发展、个性自由得到统一，社会发展、个体发展也实现了和谐统一。

艺术活动是人自由自觉特质的具体体现，艺术在形成、创作和传承的过程中，凝结着人的思想、智慧的结晶，是人对自然和社会的无限想象，借助艺术，人在自身精神世界中实现了对现实世界的超越。在艺术鉴赏与艺术创作活动中，人获得了精神享受，通过感受自由、愉悦和惬意的状态，进而激发自身精神意识改变，促进高尚的人格形成。借助艺术素养感知艺术、理解自由、确定自我意识方向，使人感受到更高级的、源自艺术的精神体验，进而实现自我发展，这一过程在一定程度上摆脱了种种束缚，在形式上是可以仅仅依靠人的联想、想象、移情就可以完成的自由自觉活动。在自由王国中艺术褪去了阶级的外衣，而艺术素养培养的目标则契合自由人联合体的需求，它摒弃了功利目的，单纯为塑造自由人性而服务。此时人人都可以创造美、享受美，这也是马克思自由王国以及文艺思想的发展目标。自由王国的实现不仅仅是物质丰富和社会关系和谐，作为人类掌握世界的一种方式，艺术也应成为"自由"的基础，艺术素养也必然成为塑造"自由、自觉人性"的重要精神基础。

3. 马克思关于艺术素养与思想政治教育的观点

马克思关于艺术素养的论述，主要集中在艺术价值、艺术与人的全面发展、人性自由等视角上，这其中便蕴含有一定的思想政治教育色彩。艺术素养思想的本身价值在于艺术素养的精神性质，艺术素养的塑造作用，艺术素养是帮助人全面发展的重要精神基础。在当代思想政治教育中精神引导和塑造的价值是根基，而艺术素养对于人精神世界的影响价值在马克思对艺术的认知中体现出来。

首先，艺术素养对于人的全面发展有着重要的影响，人的全面发展不仅仅是具备理性的思考与认识能力，也应包括感性的情感态度与审美观念，因此艺术素养对于人的全面发展有着重要意义。思想政治教育所关注的是对人思想意识的教化和影响，艺术特有的精神价值使之成为思想政治教育的重要载体，艺术教育的目标不仅仅集中在艺术技能上，而更多的是赋予人掌握世界的精神能力，即艺术素养。其次，艺术素养对社会精神文明建设有着重要的作用。马克思认为物质文明、精神文明的发展是相互推动和促进的，精神文明的发展是社会发展的重要动力。精神文明是人类特有的社会性文明，因此提高人的精神境界有助于推动社会进步，就我国当下而言，它能够促进中国特色社会主义文明发展，这与思想政治教育中的精神文明培养的内涵是相呼应的。马克思将艺术作为人类掌握世界的重要方式，其出发点就在于艺术对精神文明的影响，可以说艺术是人类对文明传承、发展的集中体现，浓缩了人文精神的艺术，其必然对精神文明有着推动、发展的作用。作为"音乐的耳朵"，艺术素养也必然有着不可取代的精神价值，对思想政治教育的充分发挥作用具有重要意义。

（二）毛泽东论艺术素养思想与思想政治教育

毛泽东作为党的第一代领导人，其关于艺术的思想提出和发展是为了解决中华人民共和国成立前与初期精神文明建设与艺术发展、艺术素养培育之间存在的问题，具体表现为艺术来源、艺术服务、艺术的发展等，具有突出的历史性和唯物性，毛泽东明确地指出艺术对人思想意识的影响取决于艺术来源以及艺术服务对象，同时指明艺术对人民思想意识有着重要的价值，是无产阶级思想意识的集中体现，只有符合人民思想意识需求、符合社会主义发展需求的艺术才是社会主义的艺术。同时他还指出发展文艺事业应做到兼容并蓄，主张多元引入但必须"去其糟粕"，这就为艺术发展、艺术素养培育以及艺术思想价值的实现指明了方向，即从多样性中做出"美善"选择，并引导人民实现自身思想意识的"美""善"。

1. 延安时期毛泽东关于艺术素养的主张及其思想政治教育内涵

延安时期毛泽东看到文学、艺术思想在革命斗争中出现了分歧和争议，为此主持召开了文艺座谈会，其会议的目的就是要讨论文学、艺术相关发展问题，以及与抗日战争、人民革命之间的相互关系，以理顺在当时斗争和革命环境下，文学和艺术的本质，以及其发展方向等关键问题。毛泽东在会议上的讲话，充分体现了他对于文艺思想和艺术素养的相关看法。首先，毛泽东指出了艺术与人民、生活之间存在的必然联系和相互关系，指出艺术服务于谁的问题，并指明人民是艺术服务的第一对象，指出不论是何种程度的文化和艺术工作者，都应明确文学和艺术是为人民服务的，为工农兵服务、创作和利用。他还直接指明艺术服务对象是无产阶级，艺术作品的核心思想也应符合无产阶级的思想意识。其次，毛泽东指出，艺术来自于生活，艺术作品是社会生活在人的头脑中的反应，人民的生产生活实践是艺术原料,虽然自然、粗糙,但是却生动、丰富,更是取之不尽的。最后,毛泽东还强调了艺术的政治属性,指出艺术应当尽量与革命、政治相统一。上述论述指明了艺术服务于政治的基本思想,艺术作品中所蕴含的思想内核源于客观实践,其必然由生活实践所决定,经济基础、政治基础是影响艺术形成的重要因素。毛泽东明确指出,艺术必然属于特有阶级、特有的政治活动,不存在独立、纯粹的艺术。优秀的艺术作品不能仅仅具备高度的艺术性,还应符合广大人民、时代的政治要求,与人民利益、时代发展保持一致,这样才能体现其社会和历史价值。

总结毛泽东延安时期的文艺思想,可以发现其本质就是艺术要符合人民需求、服务于政治、社会发展。艺术与人民、生活、政治之间存在必然的关联。这一思想也说明,艺术素养也必须与人民、生活、政治相适应。从艺术的政治属性看,艺术素养应当满足的是特定时期政治的总体需求,具体而言就是要服务于广大群众,更应满足无产阶级的思想意志,艺术素养应保持鲜明的政治色彩,即所形成的艺术审美观应与政治生活、政治环境保持一致。延安时期,我国正处在抗日战争的关键时刻,这一时期政治生活的主题是民族独立,摆脱帝国主义侵略。因此艺术的政治性论述符合当时的斗争环境,也符合当时党和人民的政治诉求。艺术源自于生活的思想,直接说明精神文明、艺术创作的根本源于广大人民生活,这就指明了艺术的生活本源性。因此,艺术素养培养也应与之相适应,即艺术审美、艺术观念、艺术创作等也应符合生活的需求,倡导公众对于艺术的理解应从生活出发,并推动艺术本身的发展。这样的思想对于思想政治教育而言,突出的是人民主体的思想,即产生于人民群众生产生活实践的艺术,也应服务于广大人民群众。任何社会发展都不能脱离社会实践,只有源自于生活才能具有活力和价值,思想政治教育也不例外,也应与群众生活、群众需求相适应。

2. 中华人民共和国成立后毛泽东关于艺术素养思想的主张及其思想政治教育内涵

中华人民共和国成立以后,毛泽东关于艺术素养的思想也随着斗争环境的改变而发生了改变。在1956年社会主义改造完成后,面对建设社会主义社会的艰巨任务,毛泽东指出中国艺术应符合自己民族需求,创作鲜活的、老百姓喜爱的艺术作品,这成为中华人民共和国建立初期文艺发展的新思路。同时毛泽东认为文化、文艺还需要进行融合与发展，不能故步自封，应当放开眼界。毛泽东指出，"近代文化，外国比我们高，要承认这一点。艺术是不是这样呢？中国某一点上有独特之处，在另一点上外国比我们高明。小说，外国是后起之秀，我们落后了。"[①] 在这一时期毛泽东认为艺术创作必须相互学习和借鉴，每个民族和国家、地区都有优秀的艺术形式和文化底蕴。各个国家都应当具备学习和发展的能力，通过学习、了解、借鉴、消化来发展本国的文化和艺术。对个体而言，培养其艺术素养，应使人具备学习和辨别的能力，即可以从各种艺术形式和作品中汲取精华，去除糟粕。毛泽东对于外部文化、艺术的科学态度，体现了批判与扬弃的思想政治教育内涵，即通过辩证地学习和判断"艺术美"，从不同的艺术内涵中辨别"善""真"，由此来发展自身良好的思想意识，进而树立符合社会主义发展需求的价值观。

此阶段毛泽东还提出了"百花齐放、百家争鸣"的艺术、学术发展方针，主张艺术应当是丰富多样的，科学则需要相互辩论，艺术、科学的繁荣应当倡导多样化，这样才能推动他们发展，使其满足各种需求，"双百"方针推动了艺术服务人民这一思想的落实。"百花齐放"的方针符合艺术创作的规律与特征，指明了在人民群众当家作主的社会主义国家艺术发展的方向和目标。此时艺术创作已经被赋予了更加重要的现实作用，即以多样性、创造性为主导，服务于人民的精神需求。在自由思考、自由探索、自由争鸣的环境中，艺术家的天赋可以得到更加充分的发挥。在此方针的影响下，人民群众艺术素养的培养，获得了多样性、多元化的发展空间，人民群众开始学习和尝试获得更多的艺术技能，艺术学习成为当时的一股新风尚。这一时期毛泽东有关艺术素养的思想对思想政治教育的影响在"双百"方针得到了更加深刻的体现，他从实践的角度指明艺术形式应具有多样性，且鼓励艺术欣赏、艺术判断、艺术比较，鼓励人们在"百花齐放"中获得艺术激荡，借助艺术素养来辨别"美"，此时"真善美"必然与"假恶丑"在艺术发展、艺术创作、艺术学习中被明晰化，通过"百花齐放"人民能够认识到哪些是"真善美"，进而陶冶自身的情操和品格。这个方针和思想对于解决中华人民共和国初期美育中存在的现实问题具有重要指导意义，通过借助艺术形式的多样性推动了艺术素养多元化培养，使得思想政治教育的教育形式、内容更加丰富。

---

① 毛泽东. 毛泽东论文艺（增订本）[M]. 北京：人民文学出版社，1992：92-101.

（三）习近平关于艺术素养的重要论述及其对思想政治教育的指导意义

随着我国经济和社会的发展，社会主义建设中存在的社会矛盾也在不断改变，虽然根本目标是实现共产主义，但是不同历史阶段的社会矛盾的具体表现必然存在差异，从历史唯物主义、辩证唯物主义的视角看，在当今社会我国发展所面对的精神文明建设、物质文明建设之间的平衡矛盾更加突出，正如十九大报告中所指出的"人民群众对美好生活的向往"成为社会主要矛盾的一个方面，人民生活不断改善，物质诉求不断满足，但是其精神文明建设与物质文明发展之间的平衡呈现出一种失衡状态。为此，作为当代领导集体的核心，习近平提出了当下文艺发展的基本思路和方向，也为艺术素养培养提供了具体的指向。

1. 习近平关于艺术素养的重要论述

习近平《在文艺工作座谈会上的讲话》中指出，"文艺事业是党和人民的重要事业，文艺战线是党和人民的重要战线。"[1]其中蕴含了两层内涵。习近平对于艺术以及艺术素养的本质论述，首先从政治性导向视角切入，其继承和发扬了马克思以及毛泽东艺术作品具有阶级性内涵的思想，同时也强调了艺术发展、艺术素养的培育必须符合国家社会发展的需求。党的领导是我国艺术繁荣和发展的重要前提和必要条件，在我国发展艺术必须坚持中国共产党的领导。就形式来看，艺术作品虽然相对远离社会经济基础和政治制度，但就思想内容来说艺术作品必然是对特定的历史时期、社会环境的反映。任何社会制度下不能表达阶级诉求和政治路线的艺术，可以说在社会中不会产生任何共鸣，因此绝对的自由和无阶级的艺术是不存在的。习近平强调艺术有着突出的政治性导向，而作为艺术鉴赏能力的艺术素养，自然也会对人的政治意识产生影响。在个体意识中艺术美必须符合社会主流价值观，即便在社会主义制度下民众所形成的"美"的意识，也不可避免地存在特定政治内涵，因此艺术素养也必然受到阶级意识的导向，使得人必须按照阶级、政治意识来判断艺术美。其次，"艺术战线是人民的战线"，指明了艺术素养是全民性的。我国社会发展以及艺术事业发展都建立在为人民服务这一思想上，不论是毛泽东还是习近平都指出，艺术是社会主义的艺术，其必须与人民需求相契合。即使是"百花齐放"，其最终标准也要由人民来确定。尤其是艺术来源于生活，且高于生活的思想，直接指出艺术的产生来源于群众，从事简单

---

[1] 习近平.在文艺工作座谈会上的讲话[N].人民日报，2014-10-15.

体力劳动的人也是精神财富的创造者。因此，习近平总书记指出在艺术教育培育艺术素养的过程中，必须满足人民的需求，客观反映人民群众的精神需求，这样才能推动艺术事业的发展。

习近平指出，"文艺是时代前进的号角，最能代表一个时代的风貌，最能引领一个时代的风气。实现'两个一百年'的奋斗目标，文艺的作用不可替代，文艺工作者大有可为。"① 这一论述说明艺术与艺术素养必须突出时代性，它们与时代之间有着紧密的联系。虽然时代不同、社会体制不同，艺术发展的轨迹和方向也就不同，但是艺术自身的发展必须始终与时代脉搏、特征相互契合。艺术素养也是如此，艺术素养的形成和发展也随时代改变而发生变化，必须体现特定阶级、社会的发展需求，不论是中华人民共和国成立初期、改革开放、全面小康，艺术作品所体现的艺术内涵、风格都存在明显的差异，可见艺术必须体现时代价值才能被社会认同，而人对艺术的欣赏视角也随着时代改变而改变，所以艺术素养也必须与时代契合，才能发现符合时代的艺术之美。

习近平还明确指出，艺术与社会风尚是紧密相关的，即艺术素养有着突出的塑造人、引领社会风尚的价值。习近平指出，"高擎民族精神火炬吹响时代前进号角，筑就中华民族伟大复兴时代文艺高峰。"② 在讲话中习近平明确提出希望艺术家要坚持艺术理想，用高尚的艺术引领社会风尚。文艺可以铸造灵魂，艺术家必须用独特的思想，间接地陶冶人的灵魂，传递向上、向善的价值观。艺术工作者应当是"真善美"的追求者和传播者，这样艺术作品中才会蕴含社会所需的"真善美"意识，具备特定艺术素养的个体才可以发现其中的蕴意，使得自身的思想意识受到影响，并完善自我人格。另外，艺术作品能够展示艺术家的灵魂，歌德认为，如果要描述和表达雄伟的风格，作者就必须具备雄伟的人格才能实现创作。可见艺术的表达中不能离开特定人格的支持，艺术创作和鉴赏活动反应地不仅仅是客观的自然风物和人文情感，更需要创作者和鉴赏者的人格作为承载。因此，艺术素养不仅是艺术家、普通人都应具备的基本修养，也是相互交流的中介，借助艺术素养，艺术家可以捕捉生活灵感，将其升华为艺术作品，普通人则可

---

① 习近平.在文艺工作座谈会上的讲话[N].人民日报，2014-10-15.
② 习近平.习近平在中国文联第十次全国代表大会、中国作协第九次全国代表大会开幕式上强调高擎民族精神火炬吹响时代前进号角筑就中华民族伟大复兴时代文艺高峰[J].党建，2016（12）：4-6.

借助艺术素养，来感悟艺术家在作品中融入的"真善美"，进而陶冶自身的思想情操。

习近平还论述了艺术素养与德性修养间的关系，指出文艺要塑造人心，创作者首先要塑造自我。养德与修艺是不可分的。正如王充《论衡·别通篇》中的这句话，"德不优者不能怀远，才不大者不能博见"[①]，可见没有德行的人也难以创作出优秀的艺术作品。习近平指出艺术家也应当将道德修养作为一门功课，为人、做事都应与艺术结合起来，借助自身的思想、知识、艺术训练提高学养、涵养、修养等，由此才能成为优秀艺术的创作者，这样才能在艺术实践中引领社会风尚，在为祖国、人民立德立言中成就价值。习近平这一论述指明，艺术与德行之间存在相互影响，一方面良好德行可以帮助树立更好的艺术观，另一方面艺术素养也有助于提升道德品行。艺术家只有同时具备良好的艺术素养与德行修为，才能更好地发挥艺术活动的价值，才能在艺术创作、艺术欣赏中获得感悟，提高自身的思想水平，进而增益人格修为。

2. 习近平有关艺术素养的论述对思想政治教育的指导意义

从习近平关于艺术、艺术素养论述中可以看到他对马克思主义理论以及毛泽东思想的继承和发展。对于思想政治教育的指导意义在于，思想政治教育必须体现政治导向、人民需求、时代特征、德行塑造的蕴意。艺术素养培养作为美育的重要基础，其关系契合在于对人思想意识"美"的引导。习近平在相关文艺思想、艺术、思想政治教育的论述和工作指导中，继承了马克思美育思想以及毛泽东文艺思想，并赋予了其新的时代属性和价值。

首先，习近平艺术素养论述的出发点在于指明艺术素养必须体现特定的政治需要和价值观念。他指明任何艺术形式和作品都应符合特定的政治诉求和社会主流价值观念，也指明艺术素养的形成必须体现艺术的政治属性。我国思想政治教育的目标在于引导人民群众树立社会主义思想意识和价值观念。在此目标下，艺术生产、艺术素养培养都应为这个大方向服务。在这个目标下，思想政治教育中开展的美育活动，美育活动中的艺术素养培养，乃至公共艺术事业的发展都应契合这个目标，由此形成的教育措施、教育手段、教育路径才能符合社会发展的需求，契合全面建设社会主义现代化国家的要求。

---

① （汉）王充. 论衡卷第十三·别通篇[M]. 北京：中华书局，1990：596.

其次，美育与思想政治教育必须与人民和时代的需求结合起来。艺术素养存在于公众的思想意识中，是公众对艺术的感悟能力，是人们对事物做出的直观感性的审美评价和判断。这种感性的精神活动对于思想政治教育而言无疑价值巨大，从艺术素养培养的视角看思想政治教育，关于"美"的看法和评价具有普遍性和自发性，这就可以让美育教化变得无处不在，因此"文艺"服务于人民且符合时代诉求，自然就可以被群众所本能地接受，进而传递社会主义价值观，借助美育、艺术素养来实现的思想政治教育也必须符合人民的基本需求。还有习近平关于艺术素养的论述，也直接指出美育的时代性要与思想政治教育相适应，即思想政治教育必须突出时代性，符合当前社会发展、人民生活的基本诉求，这样才能被当代人所接受。科技的发展与社会的变革必然改变人们的精神诉求，符合时代要求的美育才可以激励人、感染人，思想政治教育也应选择与时俱进，来达到适应时代的目标。

最后，通过美育与德育应实现人的"德艺双馨""德才兼备"。习近平认为艺术家必须是德艺双馨的，这揭示了道德、政治修养与艺术素养培养的必然关联。在思想政治教育中对德行的引导与教育，能够影响艺术创作，进而达到美育的高度和目标。落实到艺术素养与思想政治教育上，可以理解为美育中蕴含的"道德"内涵，也必须被具备"素养"的受众所体验，即负载在美育中的"德行""德性"内涵也必须被具备"艺术素养"和"主流价值观"的人所接纳。因此审美价值观培育、道德修养培育之间存在目标契合，即塑造人的高尚人格。美育的目标是引人向上，并使之具备良好的审美和德行，道德修养培育则教导人规范行为，建立道德意识、道德标准、道德智慧，二者之间的交集在于"行为"塑造。习近平指出"德艺双馨"已经不仅仅为"艺术家"明确标准，也是为审美价值观、道德修养培育提供标准，即任何人都应具备较高的"技术"能力，同时也应具备"艺术素养"和"品格德性"，这样才能拥有高尚的人格。

三、思想理论资源

从思想教化的视角看，国内外对于艺术素养影响思想认识的观点和理论由来已久，虽然在理论和实践中存在一定的概念与表述差异，但是其本质都是相同的，不论是我国的"礼乐"还是古希腊的艺术熏陶，包括近代的美育理论，其核心的思想都是借助艺术素养来塑造影响人格，培养人思想意识中的"美善"，从而规范人的行为。

（一）中华优秀传统文化中"礼乐"思想

我国传统文化就十分重视对人思想意识的教化，作为思想家、教育家、哲学家的孔子提出的教育理念，就蕴含着丰富的思想教化内涵。在儒家教育体系中体现出来的教育理念，反映着特定时期统治阶级的需要。虽然儒家思想存在一定阶级局限性，但是其中所呈现的人文精神、人格诉求则彰显其存在和流传的价值，如"礼乐"的基本思想，直至今天在思想政治教育中也有着积极的借鉴价值。

1. 儒家"礼乐"概念界定

儒家思想是先秦时期最为重要的哲学与教育思想，由孔子所创并不断被后人所继承和发展，是我国最为重要的哲学思想，诸多哲学理念和教育思想乃至育人精神，都沿用至今。"礼乐"是其中较为重要的教育思想之一，在孔子整理和传授的六经（《诗》《书》《礼》《乐》《易》《春秋》）中占有重要的位置。

"礼"被认为是一种行为规范，人与人之间的礼、国家与国家之间的礼，是对人与人之间、国家与国家之间的行为进行的规范。孔子说"礼也者，理也"。古代的"理"具有规律、道理的特定内涵。孔子进一步指出"夫礼，坊民所淫，章民之别，使民无嫌，以为民纪者也。"另外，在儒家思想中"礼"也是对周礼的继承，可以代指各种礼仪。综合上述分析，儒家思想中的"礼"包括了行为之礼、制度之礼、人格之礼的丰富内涵。

"乐"在儒家思想中有着较为多样的内涵，最为简单的直接的就是"音乐"的含义，也是对周朝相关六艺的继承，即"乐"代指的就是乐器、歌舞等艺术形式。在论语中"乐"代指音乐、诗歌、舞蹈的次数最多，这就说明儒家思想的"乐"首先指艺术形式上的"乐"。此外孔子进一步挖掘了儒家思想中"乐"的另一个内涵：欢乐、幸福，为"乐"赋予了"悦"的含义，此时所体现的"乐"的思想就为悦己、悦人，进一步将"乐"上升为思想意识上的"幸福感"获得。由此可见儒家思想的"乐"包含着艺术内涵和思想内涵，也恰恰揭示了儒家思想中"仁之乐"的重要内涵。

2. 传统文化中"礼乐"的思想教化作用

纵观我国传统文化构成，其中"礼乐"始终占据主导地位。早在周朝，"礼

"乐"就是统治阶级教化民众的重要工具，最初的"礼乐"代指的是制礼作乐，其内容就是礼节、音乐，是各种礼节的约定以及音乐、舞蹈的规范。随着孔子儒家思想的创立，其继承了"礼乐"的形式并发扬其内涵，进一步将"礼乐"纳入教化、教育人的范畴中，使之成为教化人的重要工具。随着孔子所创立的儒家思想不断完善，"礼乐"的思想内涵也随之丰富并发扬，儒家思想中"礼乐"是一种规则，也是教化人，成就高尚人格的重要标准。孔子认为"兴于诗，立于礼，成于乐"，他认为"礼乐"对于人成就"文质彬彬"品格和行为有着重要的作用，这句话的直译是"人的修养开始于学《诗》，自立于学礼，完成于学乐"。孔子将"礼乐"作为其教育人的重要目标和方法，即"礼"为行为规范和目标，"乐"为方法和手段。"礼"可以让人规范意识和行为，而学习"乐"可以帮助其形成高尚人格。

由此可见，孔子已经认识到"礼乐"对于人的思想意识的影响作用，更借助"礼"教导人行为有序，在"礼"的范围内实现人与人的互动，不论是君臣之间、臣臣之间、臣民之间、百姓之间、长幼之间，男女之间都有着"礼"的约束。此时的"礼"对人的影响就已经不仅仅是行为规范，更是一种思想上的教化，即"立于礼"。"乐"最初是指音乐、舞蹈，而孔子思想中的"乐"被赋予了"愉悦、幸福"的思想内涵，即"仁之乐"，此时"乐"就已经不再是狭义的艺术形式，更被赋予了广义的情感内涵。

荀子继承了孔子的思想，也对"乐"有着更加深刻的认识，在荀子《乐论》中指出，"夫乐者，乐也，人情之所必不免也，故人不能无乐。"[①] 荀子进一步将音乐、舞蹈与人的"快乐"联系起来，指出音乐（艺术）是人情感快乐的必要条件，所以人的生活不能没有音乐（艺术）的熏陶与感染。

中国传统"礼乐"思想所体现的内涵其本质是一种思想道德的标准与要求，所体现的是古人多样化的艺术"教化"思想。不论是周朝还是春秋，乃至以后的历朝历代，其继承和发扬儒家思想的教化内核并没有发生改变，这一过程中"仁之礼乐"的思想内核也被继承和发扬，因此在传统文化中始终坚持"礼"的重要价值标准，也在不断拓展着"乐"的教化作用。

---

① 张常银.荀子的人格思想探析 [J].管子学刊，1992（02）：45-48+54.

3. 传统文化中"礼乐"思想对当代思想政治教育的启示

传统文化中"礼乐"思想的出发点是教化百姓，使之可以适应封建王朝统治的需求，实现统治阶级对人行为和思想的约束。虽然具体的观点和方法有着历史和阶级的局限性，不能完全适应社会主义的建设和发展，但是"礼乐"思想的丰富内涵仍然有众多可取之处。"礼乐"的当代价值体现在"礼乐"形式对于人的思想教化作用，不论是"礼"还是"乐"，其形式都可以对人的思想意识产生影响，因此近代的教育家、学者对"礼乐"保持着继承、发扬的理念，进而演化出适应当代教育需求、时代需求、社会需求的"礼乐"教育理念和方法。如蔡元培就将"乐"的思想融入自己的美育思想，并进一步推动了近代美育的发展。尽管眼下人民群众的思想意识、价值观念、行为模式同古代相比都发生了深刻改变，但是传统文化中富有价值的元素，仍成为当代思想政治教育的重要内容，此时"礼乐"就成为当代美育、道德修养培养的重要传统元素，其规范行为、提高修养的作用应当被继承和发扬。

首先，要将道德修养（"礼"）与艺术素养（"乐"）有机结合起来。孔子指出"志于道，据于德，依于仁，游于艺。"这一论述表明：人立志要高远，目标要设定在道的境界；立志高远的基础是依据人道，即德行基础；不论是志向还是德行都应在仁的基础上才有意义；要实现上述目标和标准可以在"艺"中获得帮助，此时"艺"包括礼、乐、射、御、书、数。这就直接指明了孔子的"礼乐"思想所强调的是德才兼备、仁艺兼修。要实现人思想境界的最高追求，就必须明确道德观、有仁心、修养（六艺）。由此看，今天的"礼乐"价值，"礼"的精神被转化为"理""法"的教育基础，从道德教化的视角看人应当先"知礼"，然后才能"明理"，进而"重理"，最后达到"守礼"的高度，并最终实现社会法治、德治的目标。我国自古就是礼仪之邦，所以"礼"对于今天的思想政治教育而言是重要的思想、行为出发点。

其次，对艺术素养（"乐"）以及其中蕴含的人格修养（"悦"）内涵的重视。"乐"的思想首先被时代赋予了"美"的价值内涵，从与"乐"本源的音乐、歌舞上看，传统思想认为"乐"是最为基础的表达情感的方式，也是最为直接的影响人思想的方式。当代的美育思想中替代"乐"的"艺术"就成为实现美育目标的重要形式和方法，所以艺术能力、艺术素养的培育始终贯穿着当代美育过程。

另一方面,"乐"的愉悦、幸福内涵也在当代思想政治教育中有着重要的价值,这与孔子思想中"乐"读作"le"相近。又如孟子所指"独乐(yue)乐(le),不如众乐(yue)乐(le)。"由此可见音乐之悦很容易获得大众的认可,虽然从性质上看这一思想仍然停留在封建社会统治阶级的意识上,但是就"众乐乐"思想的内容本身来说,则可以启发当代思想政治教育掌握"乐"的意识教化功能,也间接指出各种形式的"乐"应当符合大众的"悦"的需求,这一思想显然与我国精神文明建设的目标相契合。

(二)国外思想理论资源借鉴

国外关于"美育"影响人思想意识的研究也有着悠久的历史,如古希腊的思想家泰勒斯,就对音乐的教化功能做出过经典的论述,他说,"在音律齐整的诗歌里,充满了井然有序的宁静,因此凡是听过这些诗歌的人,不知不觉中就柔化了性情,以至摒弃了当时风靡一时的相互憎恨,从而和谐共处,一道追求高尚崇高的情操。"[1]泰特斯的这段话明确指出,音乐对于人的思想意识具有积极影响与教化作用,说明"美育"也可以影响人的情操,揭示了音乐对于人的情感的美育价值,有序而宁静的诗歌可以柔化性情,懂得欣赏的人能够摒弃不良思想意识,进而获得高尚的情操、和谐的人际关系。

古希腊的柏拉图也十分重视艺术对于人思想意识的影响价值。柏拉图认为艺术所具有的优美与魔力能给人带来快乐。他说,"艺术的快乐不应该是随便哪一个张三李四的快乐,只有为最好的和感受到最好教育的人所喜爱的音乐,才是最优美的音乐。"[2]指明音乐与人的影响是相互的,具备良好艺术素养的人可以欣赏音乐之美,而美的音乐也可以让人感受快乐,陶冶情操。他指出,"让我们的年轻人循此前进。如入健康之乡,眼睛所看到的,耳朵所听到的,随处都是美好的艺术作品,使他们如沐春风,如沾化雨,潜移默化,不知不觉之间受到熏陶,从童年时期就和美好的理智融合为一。"[3]柏拉图心中的理想国到处充满着美好的艺

---

[1] 洪涛.逻各斯与空间[M].上海:上海人民出版社,1998:293.
[2] (古希腊)柏拉图.柏拉图文艺对话录[M].朱光潜,译.北京:人民出版社,1963:308-310.
[3] 成尚荣.理想国:未来学校理想形态的美学特征——基于中国美学的视角[J].中小学管理,2019(03):28-31.

术品,可以让人从童年开始就受到良好的熏陶。这些论述表明柏拉图认识到了"美育"的价值,他眼中的理想国不能缺少艺术的成分,要通过艺术作品实现对人思想意识和品行观念的潜移默化与无形熏陶。

亚里士多德是柏拉图之后的古希腊思想家、教育家。他对艺术"美育"价值的认识更加具有思想性和情感性,他指出音乐有三种作用:第一,可以教育公众,培养良好的品德;第二,可以消遣娱乐,放松身心,给人以美的感受;第三,可以宣泄和疏导人的情感。亚里士多德更多的是从政治、社会、人类情感的视角关注艺术的"美育"作用。他还提出了最为著名的"悲剧净化论",他认为各种艺术形式都有其存在的情感渗透与思想塑造价值,悲剧中的人物行为、情节营造、氛围等,能引发观众的怜悯和恐惧情绪的宣泄,观众的情绪就得到了"释放"和"净化",这种净化作用在一定程度上使人具备了"悲悯"的高尚情感。亚里士多德的"净化论"指明审美体验可以引发情感的宣泄,消除人的负面情绪,帮助塑造人的健康身心,消除人对群体和社团的不利影响。可见亚里士多德已经将艺术与情感、美育与道德相互联系起来,这一思想也对思考当代美育的德育功能具有一定启示意义。

第二章 艺术素养、美育与思想政治教育

一、艺术素养与思想政治教育的美育中介

提高艺术素养是美育所要实现的重要作用，其作为美育的教育目标既有着"美"的必然属性，同时也具备对"善"的影响作用。由此通过美育的中介的作用，艺术素养和思想政治教育开始相互关联起来。通过分析可以厘清艺术素养、美育、思想政治教育之间的逻辑关系，即艺术素养突出美育属性，美育会对思想政治教育产生重要影响，二者之间借助美育的中介作用在"思想意识"层面产生交集，从而揭示出艺术素养和思想政治教育之间的桥梁不仅是美育，更是精神意识契合。

（一）中介概念的辩证法与认识论内涵

中介概念的基本内涵是连接两事物间的桥梁或纽带，这一概念具有很强的辩证法意蕴。苏联哲学家罗森塔尔、尤金在《简明哲学词典》中指出，"被用来认识客观世界的中介是指思维对感觉材料的概括而言，感觉材料是外部世界作用我们感官而引起的直接结果。抽象的思维是间接的认识，它是以感官材料、生动直观材料为依据的，没有这些材料，就不可能有抽象的思维。运用到客观现实上的中介表明，每一事物都和另一种事物相联系，有了这种联系事物才存在。"[①]虽然在这个概念界定中，尤金从认识论的角度来理解中介，将感觉材料理解为客观世界和思维意识之间的"中介"，但是却提供了一个对中介的定义思路。我国在《辞海》中这样定义中介：不同事物或者同一事物内部不同要素之间的间接联系的哲学概念。在马克思哲学视域下，中介是事物转化的中间环节，事物间既相互关联

---

① （苏）罗森塔尔，（苏）尤金.简明哲学词典[M].中央马克思恩格斯列宁斯大林著作编译局，译.北京：生活·读书·新知三联书店，1973：22-25.

又彼此区分,任何事物、现象都存在必然联系,此时各个系统之间就存在中介,中介使得系统形成一体。

中介是各种现实事物之间或系统内部的枢纽,任何事物都存在必然的关联,即使有些事物表面上并没有任何关系。中介还是事物相互转化的关键环节,没有中介,事物之间就不会出现转化,从而不能获得完善和发展,由此可见中介概念是辩证法联系和发展两大概念的集中体现。任何事物都会发展和变化,这是客观存在的规律,而其变化的结果往往与周遭的环境有着直接关系,此时事物之间的中介在发展和变化中就会起到关键的作用。

此外,从认识论的角度看,中介还是特定认识领域或者过程中人理解现象的重要基础,这就是"中介"的重要意义。黑格尔指出,"如果中介或反映不被理解为绝对的积极环节而被排除于绝对真理之外,那就是对理性的一种误解。正是这个反映,使真理成为发展出来的结果,而同时却又将结果与其形成过程之间的对立予以扬弃。"[①] 进而言之,中介概念的认识论内涵主要包括:

首先,中介是人认识客观存在的活动中不可缺少的环节,是一种积极认识的重要环节。人的认识活动是一个通过众多感觉知觉表象、概念判断推理等众多中介相互关联作用而不断推进和深化的过程,就如同政治、社会、艺术、宗教等社会系统中存在相互交织、相互影响的复杂中介,它们相互交织,相互影响。对某种客观体系的认识不是简单地对经验事实的机械反应,而是通过一系列的实践活动和中介体系关联、理解才能获得的客观、理性的认知结果。

其次,认识的主体与客体互为中介,形成特定的认识领域和认识过程[②]。认知中,中介体现的是复杂的渗透、融合关系,系统之间互为主客,相互认知和理解的过程中,中介也被认知。在这个过程中主体、客体互为中介的基础是实践,通过实践二者实现互构和共在。如艺术源于生活却高于生活,艺术作品是艺术家思维意识激荡所产生的结果,更是艺术家在对社会、生活、自然的认识领域和认识过程中生活常态的反映,在此过程中生活、自然等外物是客体,艺术家是主体,艺术作品成为二者连接的中介。再如道德修养的主体和客体也可以互为中介,教育者是主体、受教者是客体,他们之间存在着思想、方法、内容等中介。可见,

---

① (德)黑格尔. 精神现象学[M]. 贺麟,王玖兴,译. 北京:商务印书馆,2011:13-18.
② 张澍军. 略论逻辑思维中的中介概念[J]. 东北师大学报,2005(01):16-19.

诸多认知领域和过程中，其主体、客体之间必然存在中介，只有中介的联系才能让主体、客体产生互动，才会有必然的"结果"。

最后，主体和客体、主观与客观之间存在相互中介过程，中介的作用是扬弃主客体之间的对立，不断推动认识的发展，进而实现主客体的共同进步。纵观人类的历史发展，其中必然存在不断的认识和改变世界过程，比如生产实践与科学认知间就存在诸多中介，人在生产实践中发现客观规律，形成主观认知改变，进而形成科学知识，并应用其改变世界。此时客观规律与科学知识之间的中介是劳动实践，这个认识过程使得客观规律进入人的主观世界中，并改变了原有的片面的主观认识。反之，在应用科学改变生产实践的过程中仍会发现新的客观规律，此时科学就成为生产实践与客观规律的中介，主客体之间发生了转换。在艺术发展中，一些代表先进阶级意识的艺术形式或者符合时代的艺术形式，替代了原有的不适应时代发展的艺术形式或者意识，也是一种主观与客观在中介作用下相互影响不断扬弃和发展的过程。

在认识过程中中介普遍存在于客观形式和主观意识之间，即在事物形成的客观形式中蕴含着某种思想意识作为中介，使其可以被人所关注、理解，最终形成主观认识。这就是一种客观照进主观的认识过程，此时中介的存在是客观的、必然的。不论是何种事物，只要被意识所认知就必然存在某种思想意识作为中介，就如同哲学、宗教、实践、艺术这四种掌握世界的重要方式，其中必然蕴含着现实与意识之间的中介转化。

当下所探讨的艺术素养作为美育育人目标之一，其在美育过程中帮助人与艺术作品实现思想情感交流，从"美"中获得情感和精神慰藉，是感官到意识，再从意识反馈到感官的复杂"意识过程"。好比观看一出喜剧，如何获得精神的愉悦，获得这样程度的精神愉悦，乃至获得"感动"，这些都需要人具备感知、理解能力才能得到体验。而这些感知和理解能力便是这一过程的中介，这些中介是多样的，也是复杂的，但不论是何种"体验""感悟"，就中介存在的客观性而言是不可否认的。

（二）美育的中介作用机理

美育突出的是人对美的鉴赏与品位，是通过对美的追求发现美的价值，获得精神愉悦和人格的完满，引导人进行价值审视，如遇到金钱、物质所带来的享受与自身审美价值发生冲突的时候，通过自身对美的价值判断来进行取舍。美育也可以丰富人的精神体验，人在欣赏美的过程中能够获得满足和幸福。如英国H. A. 梅内尔指出，关于艺术品的基本美学问题，应视其能否从艺术品中得到满足，以便它能长久的满足人的要求，并为人类生活的整个幸福添砖加瓦。所有好的艺术品都能在适当的条件下，使人从欣赏中获益并得到满足，这一切都是建立在人类的身心的提高和丰富，并以此获得长久的幸福的基点上。"① 美育中艺术美的价值在于可以提供丰富的精神体验，帮助人获得精神上的美满和幸福。

研究美育与思想政治教育的关联还需要进一步深刻理解思想政治教育的概念内涵与运作机制。纵观历史，阶级形成和国家产生以来，统治阶级对公众的思想教化实践活动客观存在，始终没有停止。思想教化的目标就是让公众形成相对统一的、符合统治阶级意志的世界观、价值观，从思想意识上实现对公众的"同化"，使其为统治阶级建立的国家服务。虽然"思想政治教育"在不同时期和地区中的表述不尽相同，但其存在的客观性和普遍性却是不容置疑的事实。"思想政治教育"这一概念是随着无产阶级政党的诞生和社会主义国家发展而逐步演变形成的。马克思、恩格斯在共产主义者同盟的章程中就明确指出"宣传工作"的重要性；列宁在沿用"宣传工作"的同时提出了"政治工作""政治教育工作"两个概念；斯大林在1934年提出了"思想工作""政治思想工作"的相关工作内容。我国在党和国家的建设中沿用上述概念，直至1951年提出了"思想政治工作"初步理念和设想，毛泽东在1957年提出了"思想政治教育"的概念，但是具体工作仍没有统一定论并形成体系。

党的十一届三中全会后，在中国特色社会主义建设的实践中，思想政治教育的概念内涵和理论体系不断丰富和发展。思想政治教育的基本范畴包括：个人与社会、思想与行动、教育主体与客体、内化与外化、教育与管理等。此后思想政治教育以及相关工作成为我国社会主义精神文明建设中不可缺少的组成部分。其概念被界定为：社会或社会群体用一定的思想观念、政治观点、道德规范对其成员施加有目的、有计划、有组织的影响，使他们形成符合一定社会、一定阶级所

---

① （英）H.A.梅内尔.审美价值的本性[M].刘敏，译.北京：商务印书馆，2005：18-25.

需要的思想品德的社会实践活动。①由此可见思想政治教育对我国而言是对群众思想意识的引导和改善。在社会发展中,思想政治教育的主要目标在于缩小精神文明与社会物质文明之间出现的差异,使人民思想意识与社会发展相适应,推动人的思想品德塑造,使之思想意识和行为符合社会发展的基本诉求,尤其是适应社会主义发展。思想政治教育的个体价值在于,引导和塑造人良好的自我意识。它可以通过思想观念的引导理顺人与自然、人与社会、人与人之间的关系,在追求实现自我价值的同时也不会损害社会、他人的权利。它还可以激发人强烈的自我发展欲望,优化自身的生存状态,实现自身意识完善。它可以激发人良好的发展能动性,使人具备认识、把握世界的能力和自觉要求。它可以塑造一种自我发展和自我完善的意识趋向,良好意识外化为良性行为,同时为人设定发展的价值坐标,明确发展中"舍与得"的标准,由此可以帮助人拓展精神世界的发展空间。从内在机制上看,思想政治教育主要通过各种手段影响人的思想意识,改变人观念中的不良形态,使之形成高尚的情操、人格和行为模式,并适应社会主义的发展和建设,从而对社会和谐稳定与精神文明建设产生积极影响。

可见,思想政治教育要培养的道德修养、意识形态、价值观等同样具备鲜明的价值导向性,能够帮助塑造高尚人格。在"真善美"的视域下,美育与思想政治教育之间存在着必然的联系,人对"真善美"的主观认识和追求是美育与思想政治教育形成的重要纽带,美育的作用即为"以美引善"。究其本质,思想政治教育的目标是对人情感与意识加以引导、教化、修正。思想政治教育所承载的不仅仅是道德、意识的标准,也是一种情感、判断以及行为的外化。思想政治教育的个体价值在于培养人形成良好的自我意识、人格乃至良好的德行。人的意识往往与精神、情感直接关联,因此思想政治教育目标的实现离不开人的情感意志等要素的参与。此时美育对人的思想意识影响就成为以美引善的原动力,美与善之间的必然关联使得"以美育德"成为思想政治教育过程中所倚重的手段。

运用中介概念进一步分析美育、艺术素养与思想政治教育间的关系,不难发现艺术素养是一种精神境界和能力,在美育中有着重要的精神塑造价值,是发现美、欣赏美、塑造美、创造美的重要意识自觉,因此其对于美育而言是培养的目标之一。思想政治教育也是一种对精神、人格的塑造、意识形态的纠正,二者之

---

① 陈万柏、张耀灿主编.思想政治教育学原理[M].北京:高等教育出版社,2007:4.

间都与精神和意识共通。艺术素养作为美育的目标，通过"美"的教育方式和渠道可以对人的精神和意识产生更加直接的影响。如盖格尔认为，"当我们谈到一个艺术作品所具有的精神内容的时候，我们所指的是两种各不相同的东西：我们首先指的是蕴含于主题之中，蕴含于艺术作品所表现的客观对象之中的精神内容；其次，我们所指的是艺术家的艺术观念所具有的精神内容，这种精神内容是通过表现方式被表现出来的。"[1] 美的事物中自然蕴含着精神境界和思想意识，借助这种精神传达，美育就可以改变道德意识、人格修养，进而使得精神意识得到升华。

综上所述，美育以精神属性为纽带成为艺术素养与思想政治道德修养的中介，所体现的是"以美育德"理论的基础。美育促进艺术素养提升，可以提高人的审美能力和审美价值，是以美引善的重要途径，具有较高艺术素养的人可以发现美、感知美，感知艺术中的精神内涵、意识价值，则更容易形成善良的人格意识，此时其道德修养、意识形态也必将获得良性提升。美育这个中介，将艺术素养与思想政治教育相连接，借助艺术素养提升，改变人的审美价值观，使得人具备高尚的道德情操和思维意识、行为模式，更可以塑造高尚的人格修为，从而有助于思想政治教育目标的达成与实现。

（三）艺术素养与思想政治教育的"意识共通"

借助美育的中介作用，艺术素养与思想政治教育之间产生关联。更进一步讲，这种关联主要表现为二者在对人思想观念进行塑造上的"意识共通"性。

首先，艺术素养和思想政治教育塑造意识的目标共通。人类社会的发展是人类运用智慧来发现和改变世界，并使得自身脱离"自然"存在，从而获得物质和精神的生存满足。单纯地将人的生存、活动界定为获得更多的物质生活资料，显然不够全面。因为在物质生活满足后，人的精神世界发展和建设被关注，而精神层面的满足和发展则成为人满足基本的生存需要后，进一步实现自我发展的重要原动力。人类从动物性存在提升到人性存在，表面上看是"物质"的改变，是生活、生存资料的获取和丰富，而内在的核心却是人类精神世界的丰富与发展，良好的思想观念可以帮助人获得良好的人格修为、人际关系等，形成适应社会和自身发展的良好意识形态。艺术素养是人发展自身所造就的审美意识。艺术素养是人对

---

[1] （德）莫里茨·盖格尔著. 艺术的意味 [M]. 艾彦, 译. 北京：华夏出版社, 1999：177-182.

"美"的理解。而思想政治教育则要塑造规范的意识，自古就将良好的德行定义为"美德"，可见人对于"美"的追求早就升华为对"德"的标准，德行是思想政治教育人的重要内容之一，形成良好的意识和德行也是其目标。所以从艺术素养和思想政治教育的意识视角看，二者存在必然的"共通"之处，即塑造"美"的意识。

其次，艺术素养和思想政治教育塑造意识的过程共通。艺术素养是一种人对美好事物的理解和鉴赏能力，其必须依靠长期"美"的熏陶，借助审美经验和过程来塑造良好的审美意识乃至行为。思想政治教育的过程也是借助多样的教育形式来影响人的思想认识。从过程而言，二者都是由外而内的塑造过程。艺术素养的形成依靠的是"艺术美""自然美""社会美""人文美"等，借助外部营造的美好氛围，使得人对于"美"的理解更加全面和高尚。思想政治教育中也需要借助诸多社会实践、榜样力量、理论解说等来帮助人客观地认识世界、社会，由此使人形成特定的思想观念，形成共同的社会目标乃至精神诉求，最终产生社会合力而推动社会主义精神文明发展。由此可见，二者塑造意识的过程都是对人"精神世界"的营建，所借助的材料也都是客观现实、客观环境、客观规律等。

二、美育与思想政治教育的兼容关系

美育理论以及相关方法属于教育范畴，其本质是借助"美"来教化人，影响人的思想意识。纵观美育的形成和发展过程，其目标是让人认识美、理解美，并最终外化为美好思想意识和规范行为。但在不同社会制度、阶级意识的影响下，美育所造就的标准和价值观存在必然的差异。我国美育的目标自必须与社会主义的审美和价值观契合，符合无产阶级的意识形态，在此视域下美育和思想政治教育之间就存在系统性关联，美育的各种教育形式、教育方法与思想政治教育有机结合，其在理想信念、道德修养、人格修养上的作用，使得美育和思想政治教育在教育需求、价值取向、教育过程中形成了实质性的兼容，凸显了美育的中介价值。

（一）美育适应思想政治教育的当代需求

1. 思想政治教育的当代需求

我国当代思想政治教育的目标和任务主要表现为：按照社会发展与人全面发

展的基本需求，依据社会和人类的发展规律，组织全体人民共同参与进行，不断提升社会和个人发展水平的教育活动。[①]这一界定主要契合的是马克思的人的全面发展思想，将社会发展同个人发展结合起来，当前思想政治教育深化发展的内在诉求主要集中在以下几层面：

首先，思想政治教育必须实现由内而外的教育效果。它要引导社会成员的思想政治意识和道德水平，提升适应社会发展的需求，满足社会基本道德规范和要求。作为一项实践性教育活动，思想政治教育必须将内化的思想意识外化为道德行为，由此来实现思想政治教育的目标。同时思想政治教育的方式也可以借助多元化外部教育手段和思想意识影响方式，对人的精神意识产生影响，最终形成良好的思想意识，达到形成良好行为的教育目标。因此，思想政治教育是复杂的教育过程，在某种意义上说影响人思想意识的各种元素都具有教化工具的性质，对此应当加以充分挖掘和利用。

其次，思想政治教育要将社会发展与个人发展统一起来。应当明确社会是由人组成的，社会发展必须依靠人的发展，思想政治教育也是如此。作为改变人思想意识的教育活动，首先影响的是个体思想，并以此达到影响群体和组织的效果。如我国始终强调大学生的思想政治教育，就是从个体出发影响群体，进而影响进入社会的众多大学生，借助他们，影响所服务的组织，最终对全社会思想意识产生正向教育效果。我国的思想政治教育理论和实践，始终在适应社会发展与国家建设的需求，并对自身的理论体系和教育框架、内容进行适应性调整和创新，以此来适应社会发展与人民群众思想意识水平的改变，不断适应和促进社会、人的发展。随着社会主义市场经济的发展，个性化的思想意识和思潮不断与我国社会发展的主流意识相碰撞，思想政治教育必须承担起社会引导与个体引导的重要任务，借助完善的思想政治教育体系来协调好社会和个人的关系，实现二者相互促进有机统一。

最后，思想政治教育还必须重视对理论宣传形式和受教育者能力培养的双重提升。我国思想政治教育的理论基础为马克思共产主义理论以及中国特色社会主义的理论体系，体现的是思想政治教育的无产阶级属性。社会个体和组织要认同

[①] 平章起，梁禹祥.思想政治教育基本理论问题研究[M].天津：南开大学出版社，2010：28-32.

社会发展的目标，就必须明确个人与社会国家发展之间的内在联系，在社会发展宏大背景下理解自我发展对社会发展的依赖和促进关系，所以在思想政治教育中社会主义理论体系是不可或缺的基础。当代的思想政治教育已经不能依靠简单的"填鸭"来实现理论传授，也不能仅仅通过枯燥的课本来实现思想意识教化，需要更加丰富的方式来传递理论、思想、意识、价值观等内容。例如：在带领学生深入了解中国共产党、我国发展历史以及红色革命文化时，可以通过红歌合唱、情景剧、诗朗诵、短话剧等多种形式，让学生自编自导自演，进行自我教育，使其用歌声及表演将中国共产党的红色精神、发展历程进行诠释，让学生在深入感知思想政治理论知识的基础上高效开展各类实践活动，在实践中强化思政理论知识，让思政课堂上的教学知识以艺术化的形式呈现出来，使教学知识更有趣味和创新性，让学生在艺术作品的强烈熏陶感染中体会其内涵的思想观念与价值取向，以艺术化实践教学的形式提高学生的思政知识水平。此外，思想政治教育还应切实提高受教者解决问题的能力，体现其另一个重要目的，即教导人在遇到社会问题、思想问题、意识问题、价值观问题的时候可以正确地按照社会发展需求、个人发展需求做出选择，从而规范自身的思想意识和行为模式，使之符合社会主义发展的需求。

2. 美育对思想政治教育需求的适应性

美育的基本思想和理念从广义上讲是通过培养人发现美、欣赏美和创造美的能力，从而使人精神上得到自我完善和发展，并最终树立良好的审美价值观以及高尚人格。美育的原点从人对"美"的欣赏开始，近代随着美育理论和方法的完善，美育对人的教育、教化价值也随之提升。今天所谈及的美育已经成为社会教育中不可缺少的内容，且对思想政治教育需求的适应性也愈发契合。

首先，美育可以影响人的思想意识和价值观念。不论是传统教育思想还是现代教育思想，都公认"美"可以教化人形成良好情操、道德修养，"以美育德"的基本理念也不断被理解和应用在公众教育中。这说明美育的这一特质可以服务于思想政治教育，提高个体道德修养的需求。毕竟思想政治教育的基本目标是塑造个体良好的道德情操、价值观，进而推动社会整体的道德水平、思想境界提升。美育借助艺术、文化的美来影响个体的道德意识、思想意识，使得个体形成高尚情操和道德修养，达到"腹有诗书气自华"的效果，并通过个人扩展辐射，实现社会整体思想观念和道德情操的提升。

其次，美育的精神属性可以帮助个体全面发展。不同个体的艺术素养不同，"审美"能力也存在差异。美育可以通过各种形式的"美"的教育来改变个体对"美"的理解能力和鉴别能力，增强个人的艺术素养，进而提升个体思想境界和自我发展能力。不论是哪个时期的教育家、教育学者，都不会否认"美育"对于其他教育形式的正向影响。思想政治教育也不例外，针对促进教育对象全面发展的意义而言，它与美育具有殊途同归的性质。通过"美"的引导和促进个体思想认识的发展，并借助艺术素养的提升能够影响个体的精神世界升华，在这过程中，艺术素养与美育的内在特征可以最大程度地影响个体的精神意识，从而助力其实现自身能力素质的全面发展。

最后，美育方法论可以支持思想政治教育的理论教育、能力教育等多样性需求。如今研究美育的价值主要体现在丰富多样的教育元素上，比如艺术包罗万象，是极为丰富的教育素材。不论是孔子、柏拉图抑或是席勒、蔡元培，这些思想教化和美育的先贤、前辈都在"以美育德"的理念上出奇的一致，其美育思想的本质就是借助丰富的教育手段和内容来实现对人品格的影响，最终实现的目标是思想精神层面的发展提升如"仁礼治国""理想国"等。可见美育中多样化的教育元素可以帮助思想政治教育达到"众乐乐"和"寓教于乐""潜移默化"的效果，为不同的教育内容和方法服务，满足思想政治教育实效提升的需求。例如：在学习社会主义核心价值体系中的爱国主义内容时，通过课件和视频展示了祖国山川的秀美，再现了充满魅力的民族文化、独特的民族习俗，动人的同胞真情，加深了学生对"爱祖国"的理解，也借助充满激情的语言诵读"人生自古谁无死，留取丹心照汗青"这样的诗句，并娓娓道出文天祥精忠报国的壮举，触动了学生，激发了学生的爱国情怀。

（二）美育符合思想政治教育的价值取向

价值取向是主体面临思想和行为选择时基于特定价值观所表现出的立场、倾向和态度等。个体自身、个体之间的社会行为很大程度上受价值值取向的影响，可以说培育和塑造民众特定的价值取向也是思想政治教育的重要内容之一。党的十八大以来，培育和践行社会主义核心价值观成为全社会共同遵守的价值准则，在习近平新时代中国特色社会主义思想指导下我国当代思想政治教育的基本价值取向主要包括以下几个方面：

第二章　艺术素养、美育与思想政治教育

第一，实现中国化民族伟大复兴的"中国梦"。这是建立在我国社会不断发展的基础上提出的，将个体与民族的发展进行有效统一，契合社会个体全面发展的需求。"中国梦"关于国家、社会与个人发展的价值取向和目标主要表现为：为个体设定的目标是全面发展、自我超越，此时国家的梦想、民族的梦想与个体梦想在"中国梦"上是契合的，将国家、民族、集体、个体发展的目标统一起来，能够建立个体对民族、国家的认同感，积极提升民族精神、爱国精神的认同度。中国梦是符合我国发展需求的伟大梦想，对个体而言，其价值观只有同国家民族发展的目标方向相契合，才能实现自我全面发展，在中国梦的价值取向影响下全民族共进，最终实现民族复兴、国家富强。

作为激发人追求美好事物的重要教育形式，从美育视角看"中国梦"，中国梦无疑是中华民族对美好未来的追求，是生活美、和谐美的目标，是从个体到民族，对未来追求所共筑的统一理想。美育可以激发人对美好未来的向往与追求，并通过美育元素来营造人民群众共同的"中国梦"，这不仅仅是对未来社会的共同期许，更是个体对自身未来的期望和理想。中国梦的美育构筑有助于实现个体和社会的发展理念协调一致，使得个体愿意为"中国梦"所付诸努力，进而达到价值取向合一。

思想政治教育服务于中国梦的实现，需要将社会主义核心价值观作为重要内容。思想政治教育的价值取向必须与社会发展的目标、无产阶级利益相一致。如今所形成的社会主义的核心价值观则成为决定社会、个体价值取向的重要准则，自然也是思想政治教育的基础。我国的社会主义价值观是建立在社会主义发展目标上的，具有中国特色的价值观体系，体现的是我国社会发展、人民发展的诉求和目标。核心价值观包括"富强、民主、文明、和谐；自由、平等、公正、法治；爱国、敬业、诚信、友善"。社会主义核心价值观借助简单的、概括的用词，在国家、社会和个人三个层面为公众树立的价值标准和取向，为个人行为和社会发展提供了基本准则，是我国社会建设乃至发展的重要指引。习近平总书记明确指出，"使核心价值观的影响像空气一样无所不在、无时不有"[1]。

社会主义核心价值观用简单的文字表达了丰富的内涵，这是对我国文字美的体现，它借助生动的词语表达了社会主义建设的各项内容，通过精准的概括和描

---

[1] 李维.习近平重要论述学习笔记[M].北京：人民出版社，2014：268-275.

述，使得百姓明确了社会主义发展的共同目标和方向。社会主义核心价值观的明确为我国的社会发展与建设，奠定了重要的思想观念基础。从历史上看，梳理古今中外的美育思想，可以发现它们也都蕴含着特定的价值观内核，不论是孔子的仁之美育，还是蔡元培的艺术美育意识思想，抑或是马克思的自由王国，其核心的教化目标就是建立具有特定价值取向人的意识、社会意识，不论是文明、和谐、爱国、敬业无一不体现出高尚人格的美，因此美育中所蕴含的"美"的价值取向与特定社会价值观是契合的，这是由美而善，最终到和谐共治的社会美体现，价值观中所描述的社会状态和目标是社会的大美，也是美育教化的终极目标。

第二，实现对"四个自信"的价值认同。习近平总书记提出"四个自信"，即中国特色社会主义道路自信、理论自信、制度自信、文化自信。上述四个自信蕴含了解决我国社会发展的四个基本问题，即坚持走中国特色社会主义道路；坚持坚信马克思主义理论不动摇；坚持建设完善中国特色社会主义制度；继承和发扬优秀的民族文化。四个自信要树立的是全社会对社会主义道路、理论的信仰，保持建设社会主义制度的严谨态度，并使之充分相信中华民族的文化是独具优势的优秀民族文化。今天我国社会的发展充分体现了社会主义的优越性，尤其是在"新冠疫情"期间，党和政府的决策和行动都向全世界证明了社会主义的优越性，因此我们有理由对社会主义、马克思理论保持自信，对国家制度坚定信心。我国有着上下五千年的文明史，如今其他文明古国在政治、民族、战争等因素下相继消亡，与之相关的诸多民族文明、文化已经不复存在。而中华民族在几经斗争中保持了民族文化的传承，通过不断的努力使华夏文明独秀于世界之林，这说明中华民族的文明有着独有的生命力，我们有理由自豪于我们悠久的文化，传承并发扬优秀的民族精神，进一步形成我们民族特有的品格。

从心理学的角度来看，自信是指个体对自身成功应对特定情境的能力的积极估价。具备自信可以帮助人预判未知环境或者即将发生的事物，是建立在各种能力储备的基础上的一种思想意识或者情绪。由此可见，自信是人的一种正向的思想意识，建立在人对自身能力评估或者以往成功经验的基础上，因此自信是可以被培养的。如：民族文化被切切实实地体现在民族艺术中，中华民族的文化之美也是我们文化自信的根源。书法、音乐、舞蹈、雕塑、绘画虽然不能涵盖所有的艺术形式，但是绝大部分艺术形式中都有传统因素、符号，这些恰恰可以彰显文化之美，美育中所呈现的这些文化之美也完全可以引发公众对中华民族优秀传统文化的自信意识。

当代美育恰恰可以为培养文化自信服务，美育所形成的艺术素养也是一种经验的积累，通过美育的教育、学习、实践，人们可以开阔眼界、增长见识、提升自信，这种自信建立在人的意识中，反应在行为上。社会主义道路、马克思理论、社会主义制度虽然相对抽象，不易通过具体的可见的形式来刻画，但是美育素材可以表达其优越性，如电影、文学等都蕴含着深刻的思想观念，通过美的艺术形式来传递信仰意识，是美育精神属性的集中体现。因此四个自信中文化自信所体现的是民族精神的诉求，更是对美育及其中艺术素养培养的要求，使其服务于文化自信塑造。

第三，法治是社会和谐稳定的重要保障，思想政治教育应当培养民众的法治观念和素养。十八大以来，我国倡导建设法治社会，借助法律完善来保障国家、社会、群众、个人和社会组织的基本权益，借助法治来构筑社会发展的屏障。法治有别于"法制"，它是一种在充分完善的制度基础上更为动态、综合的治理过程，不仅包括程式化的约束和规范，还包括人自身的意识"法治"化，即社会个体相信法律、依法办事，人与人之间在法律的保护下和谐相处，权益和义务都得到保护和履行。法治社会是一种更高层的社会治理状态，也是社会个体思想意识上对"法"理解的升华，法治社会下自律成为一种目标，每个人都将按照"法"的行为标准来约束自己，因此法治也成为思想政治教育中又一个重要的价值取向，即借助思想政治教育帮助法治观的培养和形成。

就道德与法律的关系来看，可以认为道德是更为高级的社会"法"，人如果按照社会认同的道德标准来约束自己，就符合"法治"的意识诉求。美育所塑造的"高尚人格"包括了行为上的规范。正如"礼乐"思想中"礼"的思想，本质为一种道德行为的教育，培养知"礼"、明"礼"、守"礼"的人是礼教目标，人有"礼"的行为自然也是法制规范所倡导的内在要求。从"礼乐"到今天的美育，所期望塑造的不仅仅是人的刻板"礼教"思想，更是一种在行为上以"美"引导和教化形成的"高尚人格"，这与思想政治教育中的法治观也是契合的，即"美"的修养可以形成"美"的行为，行为"美"的标准在于道德，也在于法。

（三）美育浸入思想政治教育的各个环节

美育思想由来已久，随着社会发展以及时间的推移，美育思想逐步完善并融入其他教育思想和形式中，思想政治教育也不例外。

首先，从思想政治教育的理论前提来看，马克思的全面发展理论中就已经蕴含了美育的思想，他认为人类的最大特征就是具有主观能动性，精神世界的建构以及升华是人类区别于其他动物的最大特征。人的思想可以摆脱各种外物的控制而进入"自由"的世界，精神上的超越与发展才是人全面发展的重要体现。我国思想政治教育基础来自于马克思主义以及中国特色社会主义的相关理论，上述理论不能脱离"人"这个对象而独立存在，所以作为影响人精神世界的教育形式，美育的理论和思想自然可以与思想政治教育的理论相适应和拓展。所以在当前的思想政治教育理论以及体系构建中，"情感"教育、艺术教育、多元化教育、心理教育等方法论层出不穷，其中就蕴含着相关艺术、情感教育的内容，证明美育已经浸入理论体系，使之更加丰富和人性化。

其次，就思想政治教育活动的社会和个体功能来说，思想政治教育是为了更好地发挥人民的积极能动性，推进社会主义现代化建设，并最终为实现共产主义而不断奋斗，因此思想政治教育中蕴含着社会和谐、共同发展的思想内涵。而美育视角下，我国自古就有"和谐美"的思想根源，在社会主义核心价值观中，所设定的人与人之间的关系就是"和谐"的。人的存在与发展从根本上讲涉及三对关系：社会关系，即人与人、人与群体、群体与群体之间的关系；人与自然的关系，即人对自然的认识和影响；人与自我的关系，即人与自身精神世界的关系。上述关系都存在交流，输入与输出中必然会产生相互影响，如何处置其中的关系成为人思想意识上的"矛盾"。从具体功能上看，美育可以帮助上述关系达到和谐，借助"美"的教育和引导，让人更加深刻地认识到"美"，其中包括艺术、自然、社会等诸多外部形态，借助"美"可以形成良好向上的人际关系、人与自然的关系、人与自我的关系，且和谐美是诸多关系中自洽和互处的最佳方式，自然也就形成了和谐社会的基础。

最后，思想政治教育的社会和个体功能只有落实到教育者和受教育者身上才具有现实性。教育者期望借助教育内容、方法来影响受教育者的思想意识，进而达到思想政治教育的目的。在此视角下，美育是教育者选择的一种方法，即通过美的教育来引导人改变思想意识，树立高尚人格。"美"是人类共同的追求，教育者首先应当具备高尚的品格，以及优秀的审美意识，这样才能更好地将抽象的思想、知识传递给受教育者。比如传统文化中的"修身、齐家、治国、平天下"思想，就是要先修行自身的素养和能力，然后才能齐家乃至平天下。

就如再好的音乐也需要能够欣赏它的耳朵一样，受教育者也需要具备一定的审美能力，才能理解教育者传递的各种思想。可见美育对于思想政治教育的对象层影响明显，对于教育者来说，美育可以美化传授的元素，丰富教育方式，如教育者可以借助音乐、戏剧的方式让受教者在"美"的体验中接受思想教化；对于受教育者来说，美育可以帮助其理解教育者的意图，通过自身的审美欣赏和鉴别能力，在"美"的欣赏中接受教育者传达的思想意识。

三、美育与思想政治教育的共生关系

人对"美"的追求是一种自发的精神诉求，而美育是一种具有丰富的教育内容和方法的自觉活动，通过美育所形成的艺术素养使人可以更好地理解美并形成"美"的行为，此时美育就与思想政治教育的"道德修养""人格修养"的相关教化内容产生了关联，毕竟美育所产生的实际效果是"以美育德"，所期望达到的目标是"美德"。在对个体思想意识与精神境界的提升以及社会关系和谐的促进过程中，美育与思想政治教育间是相互伴随相互促进的共生关系。在艺术素养对思想政治的积极作用下，美育的中介效果愈发明显，其与思想政治教育的共生效应也更加明显。

（一）美育促进人思想意识完善

思想意识是抽象的概念，人的思想非常复杂，涉及的领域也广泛，如心理学、生理学、教育学、社会学等，所以要影响人的思想意识就必须选择更加直接且有效的手段。马克思曾指出艺术是人掌握世界的重要手段，对于人的精神世界影响巨大，所以将艺术作为教育基础的美育，可以对人的思想意识产生干预和影响，此视域下美育与思想政治教育在对人思想意识的影响机理上，存在共生、共促的逻辑关系。教化思想意识的机理包括：思想意识的直接影响与行为干预、思想意识的辨别力提升、思想意识向善的学习意识构建。

美育与思想意识存在着天然的关联，美育中的自然美、社会美、艺术美与思想意识之间存在一定相关性，任何"美"都是从自然、生活中产生的，且"美"作为形式不能独立存在，必须依赖于特定的思想内涵和人文价值。就如古人将竹兰梅菊比作君子，就是从自然植物中感悟出君子的气节，从自然美中"比德"，进而获得思想意识上的"品格"的提升。同样艺术美中也蕴含着创作者的思想和意识，这样的思想正如毛泽东所指出的"艺术来源于生活，高于生活"，其高于生活的本质就是蕴含了符合社会需求、群众需求的思想意识，而将这些意识艺术化，可以广泛流传并获得人们的认可、理解。美育的目的就是用周遭的"美"与人的情感产生共鸣，并传递有利于社会发展、有利于人发展的思想意识，进而促进人精神世界的完善，促使其具备有利于自身和社会发展的思想意识，此时"就社会个体而言，美在于高尚健全的心灵和优于社会公众的行为"[①]。

世界观、人生观、价值观是人对自身和赖以生存的世界的总的看法和根本观点，世界观、人生观、价值观作为"观"在各个方面影响和关涉人的具体思想认识，而思想认识在很多时候又成为行为的先导。因此美育对人思想意识的教化与思想政治教育的基本目标是一致的，所以彼此在某些层面可以体现出相近目标的共生关系。传统教育与现代教育中美育的出发点都是要提高人的"品格"，如孔子的"仁义礼智信"，直至今天的社会主义核心价值观，所明晰的都是人的价值取向和思想品行观念，教育的目标是人在思想意识上的提升与完善。美育所倡导的教育内容与结果是要塑造人的情感、心理、道德上的自律意识，在此目标下美育的各个环节都将丰富的、良好的思想意识传递给受教者，使之可以在"美"中感悟出多样的、艺术的、高尚的思想内涵，进而产生共鸣、共识。这种自律意识推动着人的行为适应社会发展、个人发展的基本需求，满足社会道德标准。

美育也可以帮助人辩证地看待周遭的事物，影响思想观念的认知态度。良好的思想意识不仅仅需要具备较高的精神境界，也需要有正确的辨别和判断能力。美育在传导"美""善"的同时，也在为人设立思想标准，影响人对周遭事物的判断能力。如：主流艺术作品中，往往倡导积极向上的思想，同时也会批判不良的思想和行为，在人的思想意识上树立鲜明导向，使人们明确"真善美"的标准，

---

① 于培杰.社会美、自然美、艺术美的特征之比较[J].齐鲁学刊，1995（02）：104-108.

同时也向人们指明"假恶丑"形象。具有完善思想意识的人可以辨别善与恶，也可以为自己的行为提供价值准则。艺术在使人"愉悦"的过程中，也在无形之中影响着人的思想意识，使之具备正确的善恶观，进而促进其思想意识的提升。个体思想意识不仅仅需要符合社会的价值取向，也必须明确自身在认识处理问题时的原则标准，此时思想意识判断能力与价值观是直接相关的，思想意识具备明确的标准，也就说明个体具备正确的价值观，在行为中直接体现这样的价值观，即思想意识中所具备的辨别标准。美育中不论何种教育方式都具备突出鲜明的价值取向，即符合社会、阶级、大众认可的"真善美"标准，这样的价值取向能够影响人的思想意识，进而影响其对自身价值观念的塑造，使之不仅仅可以辨别"美"的优劣，更可以约束自身行为，使自身行为符合社会审美、道德所需。

美育还可以使人向善，在具备理解美、辨别美的基本素养之后，人的思想意识将向着"趋善"的方向发展。美育使得人的思想意识摒弃了那些"恶"的意识，个体就可以在生活中实现自觉的意识甄别，在处理各种关系以及为人处世中，能够不断稳固与坚持自身"善"的思想观念。比如现实中社会发展速度加快，网络技术使得各种信息集中呈现在公众面前，而人在接触到多元、异质信息的时候，首先是借助自己的眼睛、耳朵来感知、判断，进而用自己的价值标准进行衡量判断，然后用思想观念来处理信息。此时如果人具备良好的判断能力和善的标准，则能够对信息进行辨别、加工和处理，接受符合"真善美"的信息和思想，这可以简单地理解为人"学好"或者"学坏"的意识过程。个人的行为以及思想意识将不断向着社会需求、社会发展、个体全面发展的方向进步，所形成的对"善"的学习惯性也将不断维系其思想意识的进步和纯洁，个体思想便难以被外部的不良思想所影响，此种自发的"善"的意识以及自律向善的行为，是美育的目标，无疑也是思想政治教育所要达到的目标和高度。

（二）美育促进人精神升华

人的精神升华需求是高级的心理需求，马斯洛的需求层次论中将动机分为以下七个层次，即生理需求（温饱）、安全需求、归属与爱的需求、尊重需求、求知需求、审美需求、自我实现需求。他认为前面四种需求是缺陷性需求，而后面三种是成长性需求，这表明对美的感知（审美需求）是一种高阶的精神需求。在此需求驱动下，人会主动地寻求美的感受，满足精神成长的需求。美育对于人的精神升华的原动力恰恰源自于人的"审美需求"。从人类社会发展的历史看，人对于美的追求贯穿于社会发展的全部历史阶段，不论在哪一时期人类在满足基本的物质生存需要基础上都会主动寻求审美需要的满足，通过创造文字、艺术作品等来满足自身的审美需求，所以人类社会的发展就是自我需求不断满足的过程，审美需求在未来也必将是人类社会发展的基本需求之一。

  进入21世纪，我国社会主义建设已经取得较高的成就，单纯的物质追求已经不能满足人民群众日益增长的精神文化需要，我国人民的需要层次已经从单纯的缺陷性需求矛盾，转变为物质文明与精神文明发展相互适应之间的矛盾，并日趋紧迫。社会复杂性、风险性的增加使得一些违背社会发展与和谐的思潮也出现在美育资源中，而此类思想意识不是人审美需求的真实体现，对人审美需求有着破坏、抵消的作用，也会刺激不良行为、道德意识的滋生，它不仅使得公众无法获得审美满足，还在一定程度上消解着已经获得的安全需求、尊重需求等，此种背景下美育对"真善美"的教化作用得到凸显。通过美育改善人的思想意识，进而提升人对审美需求的标准，摒弃不良意识的侵扰，最终满足人对"真善美"的审美需求，这无疑与思想政治教育精神升华的目标相契合，借助审美需求的满足推动自我价值的提升以及全面发展，能够满足人对更高需求的满足。

  美育和思想政治教育都是对人精神世界的塑造，二者都有助于缓和物质需要与精神需要间的矛盾。社会发展必然带来物质的丰富，以及需求和满足上的不适应，思想意识的需求也随着物质满足而改变。

  美育最初动力来自于人对美的追求，可以说是一种心理上的慰藉和满足，就如巴甫洛夫所指出的那样，新的动因可以刺激人的神经兴奋，色彩、环境、声音的改变都可以让人改变注意力，集中在新的动因上，此时神经系统也随之兴奋。"美"对人的刺激必然会导致神经系统的兴奋，这是人生物属性的必然，由此所引发的心理和精神的兴奋也就成为必然。综合马斯洛的需求理论，可以明确人对美的追求是一种由外部刺激进而产生需求的过程，所以美育可以实现对人精神世界的需求满足以及升华。

  著名美育心理学家刘兆吉指出，"单凭感知觉不能深入反映文学、艺术的意义，还需要记忆、表象、想象等全部认知过程来实现体验，否则就不能引起深刻的情感体验。"① 可见美育的过程不仅仅存在于感知中,更存在于想象、联想、回忆中,这样人们会产生移情,最终实现情感净化和精神升华。这是人接受外部事物、理解外部事物的必要环节和思维过程,而美育教化是保持这一系统全面性的重要方式。思想政治教育也是一种由表及里的教育过程,更多地借助于社会现象和理论来激发和改变人的精神意识,二者差别在于美育更为直观生动,可以为其他教育体系提供表象刺激;思想政治教育则更加理性和客观,但也可以融合更多的教育形式来丰富其方法。因此美育从人的生物属性出发,借助表象刺激感官和精神意识,能够进一步影响和改变人的思想观念,如果艺术表象中承载了思想政治教育的思想意识,则可以提高思想政治教育的效果。

美育的目标在于使人形成良好的"人格",具备优秀的修养,实现人与人、人与社会、人与自然之间的和谐关系。要实现此目标就需要达到人对美"理解"的更深层次,即在认知和体验后深化人对美的理解,过程包括三个层次,第一,人对美进行实用、表象的理解,即区分美的形式以及实用性;第二,对艺术或者审视对象的象征意义进行理解,明确其艺术蕴意;第三,对艺术形式中蕴含的精神内核进行理解和把握,满足审美需求。通过这三个环节,人可以体验到美的精神意境,"只可意会不可言传"的境界,而要达到理解艺术、理解美的程度,人就需要进行自我完善与发展,这就在无形中推动了精神世界的升华。

(三)美育促进社会关系和谐

从古至今,社会和谐是人类孜孜以求的社会理想,并为之不懈奋斗。我国向来以和谐为美,不论是孔子、孟子乃至孙中山都在思想中体现了和谐美。直至当前,美育最为核心的理念就是通过"美"的教化,实现人与人、人与社会、人与自然之间的和谐。胡锦涛指出,"根据马克思主义基本原理和我国社会主义建设的实践经验,根据新世纪、新阶段我国经济社会发展的新要求和我国社会出现的新趋势、新特点,我们所要建设的社会主义和谐社会,应该是民主法治,公平正义,诚信友爱,充满活力,安定有序,人与自然和谐相处的社会。"② 和谐社会是

---

① 刘兆吉.试论文艺心理学与美育中的几个问题.全国第四届心理学学术会议文摘选集(上)[C].中国心理学会,1981:3.
② 胡锦涛.在省部级主要领导干部提高构建社会主义和谐社会能力专题班开班式上的讲话[N].人民日报,2005-02-20(1).

我国发展的重要目标，社会主义和谐发展的理念是全面系统可持续的，是人的发展与社会发展的相互促进与有机统一。思想政治教育的开展，所要达到的目标就是要使广大人民群众的价值观符合无产阶级、社会主义社会的发展需求，和谐稳定是社会发展的理想目标，由此可见，社会和谐与思想政治教育之间存在内在关联。当代美育中蕴含着和谐的人文元素，我国悠久的历史文化以及艺术形式中都蕴含着"和谐"之道，几千年的文化底蕴使得我国群众的思想观念中具有朴素的和谐意识和思想，因此美育的社会理念与倡导"和谐"相关，社会主义和谐社会的本质内涵也是各尽其能，各得其所，和谐相处，体现了美育在和谐社会建设中的重要人文和精神教化价值。

细化美育对于社会和谐关系的贡献，主要包括这几点：第一，美育可以帮助建设社会和谐的道德意识。从孔子的"礼乐"思想看，道德是一种行为标准，也是思想标准，"礼乐"可以让人品格高尚且彬彬有礼，在当今思想政治教育视角下，道德伦理是一种社会和谐的行为模式，是人们之间"礼"的意识和行为标准。从狭义角度上看，和谐是人与人之间、人与社会之间的关系，和谐关系需要个体具备优秀品格，个体的审美意识、道德意识体现着共同的取向和追求，只要每个个体都将"和谐"作为标准，那么人与人之间、人与社会的关系自然也就达到了和谐。第二，美育促进个体由功利境界向道德境界的转化。精神境界的和谐是人追求自身精神发展的高级境界，普通人的思想境界大多表现为功利境界和道德境界两种层次，很多人在功利和道德之间矛盾徘徊。美育可以更好地消除功利对道德意识的负面影响，促进人的精神世界由功利向道德的提升与转化，实现人与自然、人与社会、人与人之间的和谐。社会主义社会最终的目标是实现共产主义。共产主义社会中人与人、人与自然、人与社会之间的固有的功利边际已经不复存在，和谐共荣的联合体关系更加契合精神上的和谐境界。美育可以帮助人更好地体悟"真善美"，提升人的道德境界，使之可以从"真善美"的视角看待功利主义，最终弱化功利意识对人道德意识的影响，达到二者的和谐平衡。第三，美育可以净化社会精神环境，使之更加和谐。社会环境可以从物质环境和精神环境两方面来划分。邓小平同志指出"物质文明、精神文明两手抓，两手都要硬"的社会发展与建设方针，已经说明精神环境建设是社会和谐发展的基本任务之一。美育可以通过人审美价值、审美能力的改变，提升人自身的审美素养，这与精神文明教化目标基本一致，借助"真善美"来驱离"假恶丑"，从而净化社会的精神环境。美育还可以促进人的自我发展，使人重视塑造自身的美好心灵、善意德行，讲究自身的语言、行为的彬彬有礼，和谐自身的人际关系，同时自觉地维护社会环境、自然环境的和谐，最终达到净化社会精神环境的目标。

同样，思想政治教育的目标中也蕴含了社会和谐的基本要求。我党对社会发展目标的设想和规划体现了这一目标要求，社会主义核心价值观中明确指出和谐社会是基本目标，是核心价值理念，是现阶段乃至下一个阶段的社会发展和精神文明建设的重要任务。在思想政治教育的语境中，和谐代表着人与人、人与社会、人与自然关系的缓和和改善，和谐社会也自然成为公众价值目标的重要构成。由此美育与思想政治教育在社会发展目标上已经形成共识，即在人的世界观、价值观、人生观中应当体现和谐的印记。

四、美育与思想政治教育的互补关系

美育有着独特的教育视角和方法，在美育中多数借助的是更加契合人审美诉求的内容和方法，主要的目标是满足人对于思想意识的个性化诉求。提升艺术素养是美育的主要任务，在美育中更多借助艺术化、审美化的方式来提升人的艺术素养，进而影响和教化人的思想意识，最终塑造的是人的高尚人格和良好行为，即美德。从实践过程看，美育有助于弥补思想政治教育中的个性化、情感化手段，因此在思想政治教育实践中经常看到美育方法的应用。二者之间存在互补关系，其本质就是美育对人思想意识的影响更加倾向于"美"，其方法也更加"艺术"化，可以说美育借助其艺术素养的培养过程来实现思想政治教育的目标，二者之间的互补达到了相互促进和发展的效果。

（一）美育促进思想政治教育适应个性需求

经过发展和完善，思想政治教育从教育的内容、方法、过程上都已经形成了相对完整的体系，但思想政治教育所面对的受教育者在不断地变化。以高校思想政治教育为例，当今的大学生思想活跃，意识超前，他们接触的社会、人际、家庭乃至人生经历都与以往的大学生不同。在信息爆炸的时代，他们个性强烈、意识超前，已经不能再用传统的固化思维来看待。此环境下，思想政治教育应当顺应受教育者的新变化和新特征而作出改变，适应当代社会和受众的基本特征，提供更加多元化的教育内容和方法。从美育内容和方法看，艺术化、审美化的教育模式更加契合当前群众复杂的精神诉求，艺术的受众更加广泛，且欣赏者本身对于"美"的理解带有强烈的个性化色彩，每个人对于同一件艺术作品的理解也存在千差万别，所以美育可以实现有个性的教化，有助于增强思想政治教育的精准性与针对性。在思政课教学过程中，教师完全可以借助隽秀的字体、生动的课件、得体的肢体言语、丰富的感情等让理论的魅力与美的形象、美的情感结合起来，使学生感受到语言上的美、课程内在逻辑的美、哲理美等，从而促使其形成高尚的思想品德和健康的心灵。

美育的教育内容涵盖了诸多领域，前面提及的自然美、艺术美、社会美都可以成为育人的武器和阵地。在艺术素养培养和提升的支持下，美育可以让人获得更多元、更个性化的美的触动，进而实现美育目标。例如：在对自然美的欣赏中，人感受的是绮丽壮阔的大自然，就好比在张家界，旅游者看到自然奇观而颇受感触，体悟到人在大自然面前的渺小，从而产生保护自然、保持和谐的意识。这样的思想意识自然可以进化为人对自身、社会、自然之间关系的理解和升华，从而推动形成人与人、人与社会、人与自然之间的和谐关系。同样在旅游中，人也会对人文美产生共鸣，如在古迹、革命遗迹的参观中，人自然就会对存留的文物古迹进行联想，在思想意识中感叹古人的匠人精神、前辈的革命精神，所造成的触动必然会让精神境界得以升华。上述来自于精神领域的触动虽然体现在旅游活动中，但是人要获得触动或者感悟则需要自身具备一定的"美"的认知能力，此时作为人对"美"的感知能力和理解能力的艺术素养自然也就体现出来了。而艺术素养的形成需要通过美育来塑造，美育中的文学、艺术也是更加直接且个性化的教育内容，如今多媒体发达，每个人都可以接触到各种各样的文学、艺术形式，形式生动且具有内涵的文学、艺术形式都可以成为美育的教育元素，且可以直接作用在个体上，形成个性化教育形式和内容。

再如：当前普遍关注的"短视频"现象，短视频从本质上看也是经过加工的艺术作品，对于人的思想意识有着一定的导向作用。从创作者角度看，短视频非常契合当代青年生活节奏，作为社交工具，深得青年人的追捧。短视频开放、自由的属性让人得以展示自我，满足了好奇心，找到了愉悦感。从快手、抖音等短视频平台上，我们不仅看到青年人在这里展示自我，也有更多不同年龄、阶层的人加入短视频创作中，虽然创作初衷和表达的理念各不相同，但是由于能获得展示空间并被认可，它逐渐成为当代人寻求价值认同的一种方式。从受众角度看，短视频的受众人群也更加多元化，可以说不论是男女老幼，都可以在短视频中找到愉悦之处，不仅如此，短视频的内容也在不断艺术化，其中蕴含的人文、思想意识也在不断丰富，短视频也日趋规范化，也更多地在传播"真善美"，成为一种受人关注并认可的艺术形式。试想如果可以在"短视频"中赋予美育内涵乃至思想政治教育的形式，对于思想政治教育内容的丰富显然有着巨大的推动作用，也可以弥补其内容上的枯燥与乏味的缺陷。

从教育方法上看，思想政治教育因其自上而下的教化特征，使得思想政治教育的主要途径体现为课堂教学与理论传授，虽然借助媒体技术的升级，思想政治教育的方法有所改变、丰富，但是其理论教育模式仍处在主导地位，在有些情境下仍表现出一定的"填鸭"痕迹。而美育的教育方法更加丰富，美育善于将"死物"变得鲜活，赋予其更加丰富的情感和艺术内涵，美育的教育方法更具多样性，今天美育将更多的艺术化、生活化、社会化、自然化的元素与自身的教育目标结合起来，借助"美"的广泛存在来达到美育效果。如在最新的《关于全面加强和改进新时代学校美育工作的意见》中指出，"美"是纯洁道德、丰富精神的重要源泉。美育是审美教育、情操教育、心灵教育，也是丰富想象力和培养创新意识的教育，能提升审美素养、陶冶情操、温润心灵、激发创新创造活力。并要求学校美育课程以艺术课程为主体，主要包括音乐、美术、书法、舞蹈、戏剧、戏曲、影视等课程[1]。就不同阶段而言，《意见》指出学前教育阶段要开展适合幼儿身心特点的艺术游戏活动。义务教育阶段要丰富艺术课程内容，在开好音乐、美术、书法课程的基础上，逐步开设舞蹈、戏剧、影视等艺术课程。高中阶段开设多样化艺术课程，增加艺术课程的可选择性。职业教育将艺术课程与专业课程有机结合，强化实践，开设体现职业教育特点的拓展性艺术课程。高等教育阶段开设以审美和人文素养培养为核心、以创新能力培育为重点、以中华优秀传统文化传承发展和艺术经典教育为主要内容的公共艺术课程。从《意见》中不难看出，丰富的方法

---

[1] 习近平.关于全面加强和改进新时代学校美育工作的意见[EB/OL]. http://www.gov.cn/zhengce/2020-10/15/content_5551609.htm.

可以满足多数人的审美需求，突出对个性化的适应性，同时个体对美育的教育方法也更容易接受，毕竟"爱美之心人皆有之"。因此，思想政治教育应当充分利用和借鉴美育的教育方法来推动自身的完善和发展。

从教育过程看，传统思想政治教育有着较为浓厚的理论灌输色彩，虽然在教育实践中，许多学者已经开始关注思想政治教育的心理学、伦理学、社会学等背景和应用价值，但是在教育过程中仍然不能完全摆脱"理论条框"的束缚，这就使得思想政治教育过程相对机械化和整齐划一，由此造成对个性化需求的不适应。而美育在内容和方法上都体现了"个性"特征，其教育过程恰恰可以满足对个性化的需求。就如一部电视剧，其中蕴含着多样化的社会、人生哲理，虽然每部电视剧的主题、内容不同，但是其娱乐性的欣赏过程却是相似的，即在娱乐性的情节中蕴含着社会发展、社会和谐等主题思想，通过对社会矛盾、生活矛盾、家庭矛盾、历史进程等内容的演绎，使得人对自身的环境、行为进行思考，进而影响其思想意识，这样的过程更加个性，也更加有趣。不仅仅如此，在这个过程中也渗透着美育形式，思想政治教育可以在教育中引入"美育"的形式，如在课堂教育中运用文学、艺术的形式串联教育内容，或者将文学、艺术的形式构建为一个相对完整的教育载体，这样就可以促使思想政治教育更加个性化，从而达到"寓教于乐"的效果。以《毛泽东思想和中国特色社会主义理论体系概论》课程为例，让学生自主选择素材进行剧本创作，从自身的视角出发，通过微电影的方式展现改革开放四十年来祖国翻天覆地的变化和社会主义现代化建设的卓越成就。通过身体力行的拍摄实践，学生们可以切实感受中国共产党领导下我国各个领域发生的变化，增强大学生对思政课的认同感，让学生从局外人变成局中人，使思政课真正"内化于心，外化与行。"

（二）美育协助思想政治教育形成全社会共同的思想认识和价值观念

从广义的视角看，思想政治教育的对象是全体社会群众，包括各个阶层的各个群体。思想政治教育的目标就是使得受教育者树立符合社会发展需要的思想意识，特别是科学的世界观、人生观、价值观，从而指导人的社会行为符合道德标准、法治标准乃至人文标准等。所以从宏观上看，思想政治教育的目标是使人民群众形成特定的思想认识和价值观念，这并不是泯灭个性，而是在个人的思维模式、价值取向、道德意识等方面建立一个相对统一的准则框架，在这个框架之下，人的行为要符合社会公益、社会主义核心价值观，符合社会主义的发展，符合人的全面发展，因此这一共同的思想观念显然具有历史正当性和进步性。当前社会发展与人的全面发展之间仍在一定范围和程度上存在不一致，解决其中的矛盾和问题也是我国全面建成小康社会的重要出发点之一。在新发展阶段要实现高质量发展，就是要处理好社会发展与人的全面发展之间的关系，将个性发展与社会发展有机契合起来，这一思想意识符合社会主义发展诉求，从现阶段以及社会主义发展看都是"进步"的目标。

思想政治教育的目标是将公众价值观与社会主义发展、国家建设、民族发展等有效结合起来，使得人的个性发展顺应社会发展需求，而不是阻碍社会发展，形成社会群众共同认可的价值观念。但实践中思想政治教育在这一点上仍存在较大的发展空间，毕竟社会群体受教育的水平以及理解能力存在差异，每个群体对于思想政治教育的内容理解也都存在差异。如大学生与工人、农民之间就存在认识差异，理解水平也存在不同，如果要通过单纯的理论和教育方法来使之形成共同的思想观念，显然存在阻力，因此需要借助更加普遍，且容易接受的方式来达成思想政治教育教化大众的目标。

美育所倡导的是品格塑造，重视借助艺术等方式对人的思想意识加以塑造，使之具备良好的情操与德行。美育的教化目标也可以理解为一种共同的审美倾向塑造。就如孔子所强调的"礼乐"思想一样，教育对象"有教无类"，最终的教育目标就是所有人行为上都能够达到"礼"的标准，体现在行为上是"礼"的进步，体现在精神上是"众乐"效果。从这个视角看，美育弥补了思想政治教育在群体接受形式上的局限性，美育通过"爱美之心"来实现对广大群体的教化，使之在思想观念上共同朝着进步方向发展。美育借助其丰富多样的教育方法和内容来吸引更多的人参与到教化过程中，并且通过艺术的方式传递共同的进步性价值观、思想意识，引导不同个体思想意识的转变与聚焦。如：春节联欢晚会所倡导的团圆、和谐、美好、向上的思想，让公众向往和谐社会的氛围，促进了大众的进步发展共同意识；甚至是一个综艺节目也可以向社会宣传积极的思想情绪，就好比《向往的生活》这一档电视节目，在相对缓慢的节目节奏中，让人体验的是一种劳动、团结的生活环境，倡导通过自力更生才能获得向往生活的进步性的思想观念和意识,并将其传递给受众,使得大家树立"劳动创造美好生活"的进步性意识。虽然观看综艺节目的群体来自不同的年龄段,但节目所达到的教化效果却是"有教无类",而观众自然也就形成了共同的思想意识,即劳动创造生活,艺术节目、美育内容对受众的意识影响,自然也趋同于其所设定的思想意识。

美育在"德智体美劳"的培养体系中具有较为广泛的适用性,毕竟"美"存在于自然、社会、艺术中,甚至在劳动、体育中也有"美"的存在,这些"美"普遍存在于人的周遭,如果我们有一双善于发现"美"的眼睛,就可以看到"美"围绕在周遭,存在于生活、人际交往中,对"美"的体验和感知伴随人成长的各个阶段,不论是儿童、少年、青年、成年、老年都有欣赏美、感知美和理解美的需求和能力。如果在美育中蕴含某种共同的价值观念,那么它自然可以成为教化公众意识的最佳方式,例如:我国文化传统中常有将物比作人、比作"志"的传统,这就造就了中华民族丰富的拟物文化底蕴,就如同"竹兰梅菊"四君子之说,四种植物是典型的自然意向,其生长的自然环境和习性被古人发现,古人将其与人的气节和精神比照,形成了君子之说。其风骨和气节虽然体现在植物习性中,但是却被"发现美的眼睛"所关注,最终成为诗人、画家作品中的"君子",它们被赋予了优秀的人格和气质,并让人在精神层面产生共鸣。在诗人的眼中、想象中,它们是有气节、有风骨的谦谦君子,教化人学习"竹兰梅菊"的气节特征,净化自身的精神世界,这样的思想意识成为一种民族性的精神。20世纪80年代,我国曾经进行过一次国花的评选,其中梅花得票最高,虽然没有最终确定国花的归属,但是从这一简单的评选中可见"梅花"的君子品质符合国人对君子文化的认可,这也间接地说明了美育的人文、思想价值。如同认为"竹兰梅菊"是君子之物一样,这样的共同意识来自于人对诗词美的欣赏,也来自于对自然美的共鸣,在美育中诸多自然、人文的素材可以转化为共同的拟人品格、精神标志,由此形成了对公众的意识影响,这样的影响显然是具有普遍性的。思想政治教育与美育结合,可以达到广泛的"进步"意识教化效果,同时在教化中传递社会主义社会价值观的进步性思想意识,能够使之被大多数社会成员所认可和接受。因此借助美育可以弥补思想政治教育对异质群体教化的短板,提高对异质群体教育的效果,促进全社会形成共同的思想认识和价值观念。

(三)美育帮助思想政治教育提高感召力

美育的方法多样,可以有效地提高思想政治教育的感召力。其本质是美对于人思想意识的深层触动,具备一定的审美能力即艺术素养的人可以在"美"中获得精神层面的触动和共鸣,从而使思想意识在"美"的传递中更好地被接受和理解。思想政治教育需要提升其感召力来扩大对人思想意识的影响,而单纯依靠理论、课程、榜样来感召显然是不够的,为此需要借助美育纽带来连接人的精神世界,进而提高其感召力。

方法美的感召力提升。思想政治教育作为一种教育形式必须将教育内容附加在教育载体上,而教育载体便包含了各种艺术形式。美育与思想政治教育的方法、焦点有所差异,多样的美育方法可以提升思想政治教育形式上的吸引力和感染力。借助美育可以将思想政治教育的内容艺术化,借助形式上的变化可以吸引更多的受众,进而提升思想政治教育的感召力。例如:借助音乐艺术的教学形式,围绕思政课教学主要内容,通过听、唱歌曲的方式情景再现某个场景和片段,通过艺术化的教学手段使受教育者"寓教于乐",产生情感的浪花、实现思想的升华,从而表达思想政治教育的内涵,实现思想政治教育目标。通过艺术展示思想政治教育的内容,艺术的个性化技巧和方法就成为思想政治教育的载体,丰富的艺术化手段实现了思想政治教育的外在表现形式的多样性,丰富了思想政治教育的方式与方法,使思想政治教育可以在"寓教于乐"中传达基本思想和内容。美育的丰富形式弥补了思想政治教育灵活性,多样性的缺陷。

美育借助艺术化、个性化的形式可以扩大思想政治教育的影响范围,毕竟多数艺术形式更容易被大众所接纳,形成的影响自然广泛。例如,思想政治教育中将知识传授的过程转变为文学形式、诗歌形式、话剧形式等,抑或开展主题参观、演讲等形式,都可以看做是借助美育的方式来进行思想政治教育。另外,教育者也可以在传授知识或者传递思想意识的过程中让方法、过程更加艺术或者更具美感。教育形式上的艺术化可以对思想政治教育内容、过程起到美化的效果,将枯燥的、乏味的说教和宣讲变为有趣的、丰富的、易懂的生动形式。这样可以更好地激发受教育者的好奇心,进而将受教育者吸引到教育者周围,自然也就提高了思想政治教育的感召力,就好比一个幽默有趣的教育者可以通过自身艺术的、多样的教学方式和形式吸引更多的学生来学习是一个道理。内在意识"美"的感召力提升，可以说是一种教育者、受教育者的共鸣。美育可以帮助思想政治教育实现心理上、情感上的共鸣，古希腊哲人朗基努斯曾经说过，"不平凡的文章对听众产生的效果不是说服而是狂喜，奇特的文章永远比只有说服力或者只能供娱乐的东西具有更大的感动力。"① 显然具有丰富内涵的教育形式、内容可以更好地引发受众的共鸣，感召力也更高。美育可以帮助思想政治教育呈现教育内容深层的内在美，此时人对"美"的追求共性，可以使得受教者获得"美"的感受，从而产生"狂喜"的共鸣效果，以提升其对教育内容的理解与认同。

美育还可以提高教育者自身的修养感召力，美育不仅仅影响思想政治教育的方法、形式、内容，也可以影响教育者的个人魅力。不论是马克思、毛泽东、习近平都在其思想政治教育思想上指出过，教育者自身的修养对于教育效果的好坏具有十分重要的影响作用。马克思指出，"我们现在假定人就是人，而人对世界的关系是一种人的关系，那么你就只有能用爱来交换爱，只能用信任来交换信任，等等。如果你想得到艺术的享受，那么你就必须是一个有艺术修养的人，如果你想感化别人，那么你就必须是一个实际上能鼓舞或推动别人前进的人。"② 可见在思想政治教育活动中教育者自身能力和素质的地位和作用并不亚于教育内容本身，因此教育者自身提升其人格修养便显得格外重要，对此美育恰恰可以大有所为。

另外，受教育者也可以通过美育提高自身对外部信息的感知能力，从而获得更丰富的政治素养、艺术素养，能够在情感共鸣中更好地感受艺术形式背后的思想内涵。例如，优美的体验。作为一种美的形态，优美事物包括艺术形式美、自然形式美，可以给人以安静和谐的感受，促进人身心上的和谐净化。"美"的体验更加直接，不需要复杂的理性活动和逻辑思考，仅仅需要直观的体验就可以获得美感的共鸣。此时优美的体验不需要复杂的理性思维过程，也更加容易被接受。这说明美好的事物可以对人的思想产生直接影响，因而借助美的感召力每个人都可以对优美的事物产生感叹，不论是自然美景、优美音乐、优美舞蹈，还是悲剧、喜剧都会引发观者的强烈情感共鸣与主观体验，此时相似的体验自然也就形成了一种无形的感召力，就好比优美的风景地可以吸引更多游客一样。再如，抗日战

---

① 朱光潜. 西方美学史 [M]. 北京：人民文学出版社，2011：107-109.
② （德）马克思. 1844年经济学哲学手稿 [M]. 北京：人民出版社，1979：108-109.

争时期的艺术形式,更多是激励、鼓舞人参加到斗争中去,树立坚定的斗争意识以及必胜的信心,彰显了艺术的思想感召力。可见,美育可以通过直观的形式传递深刻的内容,从而引起受教育者的关注,使之无意间与教育形式(艺术形式)产生共鸣。因此,将美育融入思想政治教育中,自然有助于提升思想政治教育的感召力。

第三章 艺术素养对思想意识的影响

一、艺术素养对个体思想意识的影响

艺术素养突出的是个体属性，借助差异化、个性化的教育引导过程，艺术素养可以让受教育者形成个性化的审美观，在改变人审美认知、审美评价、审美判断的同时，促进个人综合素质的提升，即改变人的思想观念与修养水平，借助"美"来引导其修养升华和良性意识完善。

（一）艺术素养助推个体修养升华

人具有突出自我观念与主观意志，与动物类别的根本差别就是人具备了思想和意识，可以按照自身的发展需求来探索和改造自然。精神世界的全面发展是人对自我发展的根本要求之一。不论是马斯洛的需求理论，还是马克思的全面发展理论，其高层次的需求和发展目标都是精神层面的不断升华。因此，对自身精神世界的改造与提升始终是人的不懈追求。个体修养包括诸多层面的含义，从古而言，道家指修炼养性；近代则更多地指培养高尚的品质和正确的待人处世的态度，或求取学识品德以充实完美；也指具体修养的总和，如理论修养、道德修养、艺术修养、政治修养等。从艺术素养对个体修养的视角看，它指审美修养的提升与高尚品格的塑造。艺术以及艺术素养对于人自身修养的影响由来已久，孔子、柏拉图等先哲都在自己的育人理念中提及过艺术学习、艺术素养对个人品性和修养的影响。不论是古代还是近代，教育家们都共同认可这一观点，即艺术对情感、意识、个性的影响不容忽视，如果可以更好地从艺术中获得"陶冶"，那么对人的修养就会有着良性的影响。

从形成过程看，艺术素养是个体通过艺术理论学习和艺术鉴赏实践，从而形成的人对艺术感知的基本素养，是人在艺术学习和欣赏中，调动心理机能所形成的积极参与审美活动的能力素质，可以使得人对艺术的欣赏从感性的、被动的接受，转变为理性的、主动的思想认知，这一认知过程并不是单纯局限在艺术领域，也包括文化、道德等诸多层面。艺术形式多样，其涵盖的人文知识也相对丰富，比如一段优美的舞蹈，必然附加着民族元素、文化元素、艺术元素、精神元素、自然元素等诸多元素的杂糅，再经过艺术的创作加工才能称之为艺术作品，并将其完整地呈现在观众面前。观众要理解和发现舞蹈作品背后的内涵，不仅仅需要具备艺术的审美能力，还需要懂得更多的人文知识。这样欣赏舞蹈时个体才会因为艺术的触动而进行自发的学习，去了解舞蹈作品背后的诸多理性的、文化的、人文的元素，这样的过程显然也是对个体综合素质的培养与提升。例如《理想照耀中国》《大浪淘沙》《信仰的力量》等，这些影视作品让人以直观方式进行体验，在情感上发挥着积极作用。具有情感共鸣的影视作品，让人在感知审美对象激励的基础上提高自身的艺术素养，也潜移默化地引导其形成正确的价值观。这充分说明，艺术手段是思想政治教育的途径之一。

从发展目标看，艺术素养是个体修养诸多方面的重要组成部分，在任何时代人类对于自我发展的探索与努力都未曾停止，这样的发展不断推动人类科学技术进步，也在改变着人的精神世界。个体对外在世界认识得越多，也就越期望自己获得更大的发展空间，所以个体的发展乃至全面发展不仅是对自身需要的满足，也是社会发展的重要动力。艺术素养也是如此，个体周遭充斥着各种艺术符号、元素、作品等，如此众多的艺术元素围绕着社会个体，其自然也需要提升自身的艺术审美能力来适应社会的发展，单纯的艺术能力提升对于人的全面发展而言是必要而不够充分的，因此个体必须追求全面的修养进步，以实现综合能力素质的全面发展。正如前面列举的舞蹈欣赏，个体可以借助综合修养的提升来使自己发现舞蹈中"美""善"的能力。可见要实现艺术素养发展的目标，个体就必须全面提升自身的修养，由此来获取认同，进而在社会中实现自我价值。甚至是学习舞蹈都可以改变人的自我修养，简单的舞蹈训练可以帮助人客观认识自我，从而有效增强自我认同性。舞蹈学习之所以有助于完善人格结构，原因在于舞蹈学习并非普及性艺术学习，而是少部分有能力、有意愿的人来参与的一种学习。拥有舞蹈基础的人参与到舞蹈学习中，在进行舞蹈训练时相互交流、学习，可以建立超越自我的勇气和信心，从而有助于帮助人树立起坚强的意志，促使其在困难面前勇于向前，超越自我。对于社会竞争十分激烈背景下的社会公众而言，拥有顽强的意志和信念对于其在激烈竞争中占据优势地位具有十分重要的意义。

（二）艺术素养促使个体意识良性改善

艺术素养是人在情感熏陶、思维训练、实践养成中所形成的个体的素养之一，是艺术地掌握世界的重要基础。艺术素养可以改变个体的思想意识，通过不断地感性与理性、认识与实践的交融过程，人获得了艺术素养的提升，在此过程中个体意识发生了良性改善。

首先，艺术素养有利于个体人文意识的提升。人文精神不仅是精神文明的重要内容，还可以影响到物质文明建设。它是构成一个地区、一个民族文化个性的重要内容；是衡量一个地区、一个民族的文明程度的重要尺度。一个国家的国民人文修养的水准，在很大程度上取决于国民教育中人文教育的地位和水平[①]。这说明"人文精神"是社会发展的重要主观力量，人文意识也是个体必须具备的重要素养。人文意识是人不断发展自我，并获得精神自由的文化精神，从人的思想认识结构讲，它是人在认知基础上形成的包括情感、意志、信念、行为在内的综合性对象化产物。艺术是人类精神世界与现实世界碰撞的产物，其表征着人类的精神文明，而艺术素养是社会个体体验艺术中人文精神的重要能力。人们具备良好的艺术素养可以更好地发现艺术中的人文精神，进而通过感官刺激、情感共鸣、心理活动来汲取艺术中的思想观念，充实自己的人文思想、理念，这一过程是一种潜移默化的精神鼓舞，个体观赏艺术作品时就会不自觉地通过自身艺术素养来汲取其中的人文"营养"，因此艺术素养有助于培养良性的人文意识。

其次，艺术素养有利于人情感意识的良性改善。情感是人的心理活动，是一种代表人情绪的心理活动，包括喜怒哀乐等。情感的外在体现则蕴含着一定的情绪和行为意义，如喜欢、满意、赞同等，由此产生了快乐、高兴、愤怒、不满、恐惧等情绪，是以情感表现出来的认知状态，是意识形成的感情材料。情感意识虽然是内在的意识，但是它也可以作用于外，影响人的行为，如不满的情感、恐惧的情感可能会导致人的暴力或逃避，高兴、快乐的情感可以让人更加宽容大度等。而人对特定对象的情感诸如道德感、实践感、美感、理智感，更是反映了人

---

① 张艳杰，赵伟. 俄罗斯高等师范教育改革中人文精神的反思[J]. 黑龙江高教研究，2008(11)：65-68.

的精神世界状态，使人可以对环境、社会关系、现实具体事物进行评价、判断和体验，并给出主观认定结果，这个结果又以情感的形式表现为厌恶、欣赏等，可见在人的意识活动中不可避免地包含着情感元素，其反映人复杂的社会关系、复杂的心理活动、复杂的思想认知，并最终表现为一种外放的态度。

艺术素养可以借助艺术来丰富人的情感世界，在艺术作品中往往会附加丰富的情感色彩，是最好的培养情感的符号和形式。通过艺术的再现可以将人生活中的各种情感带入艺术作品中，让人与人之间产生情感的共鸣，弱化不良情绪、情感对人的负面影响，让人的情感趋于愉悦、放松，使之更容易形成积极向上的道德感、美感等，这是艺术素养对人的意识进行良性改善的基础。人在艺术作品中获得道德感、美感、幸福感等，都是对个体自我情感意识的良性影响，由此也可以获得最佳改善效果。例如：戏曲艺术就存在普遍的情感内涵和好恶取向。在戏曲艺术中艺术形象反映了社会的道德准则和文化底蕴，是一种教化人的艺术形式，因此我国的戏曲成就了一种高度综合化的艺术形式和内涵。在戏曲中各种形象都被赋予强烈的善恶、美丑的情感寄托，更将传统文化中的诗、乐、舞等众多艺术形式融于一体，为观众展示的是历史、人文等丰富的"故事"。戏曲舞台上呈现的是综合性的人物表现形式，其服饰、脸谱、颜色等都有着鲜明的善恶特征，为公众传递了鲜明的社会情感，人物形象善恶分明，观众即可一眼看出其善恶正邪。戏台上的官吏一般都戴乌纱帽，以帽翅区分善恶正邪。清官的帽翅为方形，以象征人品方正；贪官的帽翅为圆形，以象征行为邪辟。一出戏曲可以说是融合人生百态，是一幅真实的社会画像，它在丰富人情感的同时也在为人树立趋于"美善"的思想意识。

二、艺术素养对群体思想意识的影响

艺术素养的形成虽然存在个体差异，但是最终所造成的审美价值取向却可以影响特定的群体。如民族、企业、组织等，在艺术素养的养成中这些群体会获得特定的价值观引导，即对"美"的认知存在着一种共同的思想内核，此时群体的思想意识将形成相似的审美价值观、审美世界观、审美人生观，体现群体对于"美善"标准的一致，其思想意识自然也会被教化、感召、凝聚。

（一）艺术素养有助于实现群体价值认同与思想教化

教化思想古已有之，先秦《毛诗序》指出："风，风也，教也。风以动之，教以化之。"并解释诗的作用是"先王以是经夫妇，成孝敬，厚人伦，美教化，移风俗。"今天《汉语大词典》对教化的第一义项是"政教风化"，"教"指政教，"化"指风化，给教化赋予了政治意蕴与色彩，这触及到了教化的本质。因此说，教化不是一般的教育与感化，或是教育与感化的叠加，它是从政治风化的角度谈道德教化[①]。《社会学词典》："将教化从社会学的角度去诠释，认为个人社会化的客观条件是教化，是社会人由生物人转变的一个过程。"[②] 由此可见接受教化是个体由自然人向社会人转化的重要途径，是人参与社会生活的必要前提。

艺术素养是人接受"美"的能力，是审美感知、审美价值观的重要基础，所以从教化的角度看，艺术素养有助于人接受和理解特定的教化内容。古代朴素的艺术素养教化思想认为，具备较高艺术素养的人可以受到更好的教化，其思想、行为也可以更好地为统治阶级服务。从艺术教化功能的视角看，艺术蕴含丰富的人文信息，提升群体的艺术素养以提升群体中个体的"见地"为基础，群体对"美"的整体认知水平的提升有助于其更好地接受和理解教化中的思想内容。从欣赏开始进而影响其思想意识，就如自古以来，人崇拜"技艺"高超者，在琴棋书画中的佼佼者往往成为大众的"偶像"，其作品也可以影响百姓的思想意识。同时，艺术源自生活，且服务于统治阶级的基本意志，政教风化可以融入艺术之中，艺术素养在形成过程所汲取的艺术知识、审美意识而形成的审美价值观，自然也就被社会共同的价值观所影响，这个过程中，人逐渐被艺术所教化，特定群体形成了相应的思想认识与价值观念。

美育的群体性特征使其教化作用凸显了群体价值。美育素材是人类智慧的结晶，主流的艺术作品往往服务于统治阶级的需求，艺术中蕴含的教化功能也被思想政治教育者所认同。艺术受众往往是特定群体，一种艺术形式、一件艺术作品都有其特定的受众群体，因此艺术对人的影响本身就带有群体性特征。例如：主题性绘画是广大群众喜闻乐见的艺术形式，它能够让人民在潜移默化中接受正确的价值观，从而更好地实现"成教化、助人伦"的作用。例如，新民主主义革命

---

① 汉语大词典编辑委员会. 汉语大词典 [Z]. 上海：上海汉语大词典出版社，1994：512-523.
② 张光博，邵德门，佘海宁. 社会学词典 [Z]. 北京：人民出版社，1989：09-10.

时期的木刻版画，李桦的作品《怒潮组图·起来》，其思想深刻，具有针对性，揭露了日本帝国主义侵略下人民的生活困苦和国民党发动内战的本质，揭示了社会的主要矛盾和社会黑暗的真实现状，能够激发人民为民族独立而战的高亢斗志。再如，艺术有参与性特征，人通过学习可以掌握一门艺术技艺，如歌唱、舞蹈、绘画等，个体通过学习掌握一项艺术技艺，在这个过程中时常会进入特定艺术群体中，如群舞，这种艺术形式只有在一定的群体参与下才能够实现，哪怕是"广场舞"这样的民间艺术形式，也突出了群体性特征。因此艺术的群体性特征也给美育功能带来了特殊的优势，艺术形式中蕴含的思想意识也必然会影响某个特定的群体。

艺术素养因为艺术的群体性而满足了对群体的"美育"需求，艺术素养可以借助其特定的思想内核来影响群体的思想意识，达到教化的效果。比如乐器的学习和演奏，学习者、演奏者一般比从未接触过乐器的人会更了解乐器的历史、特征等，而这些往往都蕴含着人文信息，演奏的乐曲往往也带有强烈的思想性，这些乐曲或快乐、或庄严、或雄壮、或悲伤，此时学习者群体借助自身的艺术素养，来感悟乐曲艺术中的教化思想，在不知不觉中就会被艺术所教化。再如绘画艺术，人学习国画并具备国画的技艺与鉴赏能力，学习国画的群体必然对国画文化背景、人文精神产生一定程度的共鸣，国画中蕴含的思想意识也势必可以教化国画的受众群体，从而使该群体的审美倾向和价值观念趋于相似，达到艺术素养对这一特定群体的教化作用。例如：在建设中国特色社会主义历程中，每一次重大历史事件发生之时，艺术工作者都能及时反映社会发展的伟大实践，表达人民大众的生活实际，发现本真并负载理想，不断进行艺术积累，发现"美"和创造"美"，把人民的喜怒哀乐倾注在自己的艺术作品上，其中以香港回归、迎接奥运、抗击特大洪灾和地震、改革开放等为现实题材，创作了大量的"主题性"绘画，鼓舞人民前进，让人民看到梦想、希望和美好。如《东方》《晚风》《检阅》等主题性绘画思想深刻，无论是对创作者还是欣赏者而言，都具有鲜明的群体教化功能。

（二）艺术素养可以产生特定的群体浸染与感召效应

艺术素养引发群体共鸣的重要基础是艺术附带强烈的情感色彩。人的感性需求往往可以被艺术作品所满足，其体验中蕴含着审美移情、情感共鸣的心理过程，其中情感共鸣是建立在审美移情基础上的。审美移情更多地体现在对艺术欣赏时角色的代入感上，对他人、他物的共情甚至他人、他物的客体主体化。如：人在艺术欣赏过程中，欣赏者常常要进入艺术所营造的情境中，借由艺术素养设身处地地去模仿和体会鉴赏，感悟艺术中蕴含的情绪、思想等，这样欣赏者与美育素材之间就存在了情感、意识上的联系，这就是艺术素养对人产生情感影响的机理，也从心理学层面上揭示了艺术的精神价值，即人在接受艺术信息时产生审美移情和情感共鸣，从而被美的思想和意识所影响。

从群体影响的效果看，人对美好事物的追求唤起了人对"美"的欲求，即对于某种特定的"美"，人会产生相似的情感共鸣，如在沙漠中看到骆驼、胡杨等自然事物，人就会感慨它们的坚韧和挺拔，也随之联想到自身是否具备同样的意志。再如，在战争年代，《义勇军进行曲》因其词曲的深刻内涵与时代背景相呼应，对于普通民众和革命战士产生了巨大的鼓舞和感召作用，通过情感共鸣最终达到鼓舞人斗志的效果。还有今天，一些学校、企业都有自己的校歌、企业歌曲，这些歌曲往往表达的是学校、企业的特有文化意识，对于在校园、在企业中学习和工作的人往往有着积极的影响和感召力。

艺术素养高低决定了群体看待艺术、社会、自然的情感视角大小和共鸣程度，如果具备较高的艺术素养，人就可以体悟到更加深刻的艺术情感，在审美移情和情感共鸣中也可以提升思想意识的高度。艺术素养在美育过程中起着感知理解艺术作品内在情感和思想的作用，使得艺术作品对人的移情扩展到更多相似经历、阅历的人身上，对于群体的影响也随之扩大。美育素材中蕴含的共同的社会价值观或者审美价值观就可以对群体产生感应和共鸣效果，而这样的效果会在受众思想上体现，形成一种对群体的感召作用。例如：艺术感召力的群体效应与其艺术素养有着相关性，艺术中蕴含的深刻文化、人文内涵要触动群体的情感，则需要群体具备相当的艺术素养，即发现共鸣因素的能力，这样人们才能被感召。优秀的中国民族音乐作品，特别是民族声乐作品，其思想内涵与育人效果最为显著。因为它们无一不源自博大精深的优秀传统文化，是中华民族在经过时间的沉淀和时代的洗礼后最深沉的精神追求，选择适当的音乐曲目可以很有效地唤起群体的情感感召与认同。《黄河大合唱》中的《黄水谣》可以引导民众更加深入地了解词曲当中所蕴含的抗日历史知识，如果可以让人参与到演唱中，则可以使之获得"身临其境"的情感共鸣。《洪湖水浪打浪》这首经典红歌描写了人民群众在党的领导下，在第二次国内革命战争期间，和地主恶霸、反动势力的殊死斗争。参与演唱歌曲可以增强大学生对中国共产党的感恩和信任之情。毕竟音乐是人们表达内心情感内涵的超语言方式，音乐无国界，它的无界限传达，使得情感、精神与力量更能深入人心。在歌曲聆听过程中选取反映时代主流价值取向的中国声乐作品，则可以更好地将思想政治教育内涵转变为感召力，通过中国经典民乐作品特有的词曲对人进行熏陶，增强民众的民族认同感。

最后，艺术素养感召作用可以表现为由相似个体气质构成的集体禀赋与魅力。艺术素养可以提升个人、组织的总体气质，艺术素养塑造的高尚人格，准确地说是一种内在精神的外化，个人、团队具备较高的艺术素养，对于个体的影响就更强烈。这与人的气质、魅力直接相关。都说艺术家有着独特的魅力，这种魅力的体现自然就是在艺术领域的造诣以及艺术素养所形成的独特魅力。照进现实就可以更好地理解"腹有诗书气自华"，这恰如其分地反映了艺术素养对诗词爱好群体的塑造效果。因此，如果某个团队的领导者、骨干具备优秀的艺术素养，自然也具有无形的感召力，进而影响周边的人，这是艺术素养外化为人格魅力的重要作用之一。例如：在同样的山水绘画中，一些艺术家对于山川的描述是荒凉、深远的；一些人则是利用多样的灵活笔墨表现其灵动。深远的山脉显得更加悠长稳重，且可以让人体验磅礴气势，灵活的笔锋则让人感觉到自然的灵秀、洒脱。不同的艺术表现方式可以造就不同的作品，也反映着画家的审美价值观。当代社会已经进入多元时代，绘画作品随处可见，优秀的画作可以让人体悟身心的改变，使得人的个性更加健全，让人感受超脱生活的"美"。通过对优秀画作的欣赏和体验，人们可以超越身心的狭隘，领悟更加广阔的天地意境，产生从情感到人格的意识转变，让人感受艺术美、人格美。同样，基于对共同兴趣下的艺术作品的鉴赏，特定群体在其成员艺术素养的熏陶下，也会形成强大的集体认同与感召力。

（三）艺术素养能够凝聚群体共识和力量

艺术素养通过文化意识凝聚群体共识和力量。文艺具备特定的人文属性，这种人文属性主要表现为时代性和地域性，在某个特定的地区、民族、国家、社会背景下，艺术形式、内涵、素养蕴含的往往是民族性、文化性特征。如果从这个背景看，艺术素养也具备突出的民族性、文化性特征，即特定的民族、群体具备的艺术素养也有其自身特征，这是区别于其他民族或者文化底蕴的特性。我国有五十六个民族，每个民族都有其独特的"美"，这些"美"的特质经由时间沉淀、共同的中华文化孕育而有了对统一民族国家的独特"意识"凝聚效果。就好比茉莉花对于中国人，喀秋莎对于俄罗斯人一样，特定的艺术形式、美的语言可以凝聚特定的人群，所凸显的就是美育的人文属性。即艺术素养在相同文化背景下可以对群体产生凝聚作用，就好比看到古诗词，中国人自然就会产生共鸣，也会因此产生相互团结的心理意识。

艺术素养通过反映特定道德伦理而凝聚群体共识。艺术素养可以改善人的道德意识，使人从美中陶冶善的情操。道德情操影响着人的日常行为，也决定了群体行为，就好比军队具备了统一的道德情操，就可以在危难中甘于牺牲，保护群众。同样具有特定的共同的道德意识或者道德标准也可以让群体凝聚起来。艺术素养是人对艺术的感知能力，其主体性、能动性特征明显，艺术素养的养成会对人的主观意识产生影响，进而影响审美价值观和道德意识。从"以美育德"的角度看，较高的艺术素养可以促使人格更加高尚，也可以推动良好道德品行的养成。这种个体道德意识具有特定的思想倾向和内涵，并外化为相对统一的行为模式，由此就产生了群体的凝聚力。

艺术素养通过素质特定的价值观而凝聚群体力量。艺术素养使人从艺术作品中获得良好的思想意识，并形成审美价值观以及社会价值观。艺术素养对于美育而言，是其目标实现的重要能力基础，对"美"的认知和发现，对形成审美价值观有着重要的作用。在相似的意愿和诉求下，艺术素养所引导的价值观往往与美育价值观有着共同性，就比如教导人善良、教导人孝顺等，这些价值观在群体中是可以产生共鸣的。而当代美育只有引导人服从社会发展，建立有益于社会进步、个体发展的价值观才有意义，为此艺术素养在形成中往往被社会赋予"向美""向上""向善"的价值理念，由此也形成了群体共同的价值理念。艺术素养培养要求个体审美价值观、人生价值观符合社会发展要求，而共同的价值取向可以将群体凝聚起来。如我国自古就崇尚"仁义礼智信"的价值取向，在诸多艺术形式中都体现出相同的价值观和价值取向，此时具备一定艺术素养的人就可以发现生活和艺术中蕴含着共同的"仁义礼智信"的思想，进而形成社会普遍认可的审美观和价值观，这样的思想意识就如同无形的纽带具有共鸣，共同价值观的人紧紧联系起来，由此就提高了群体的凝聚力。例如：中国的戏曲艺术就突出体现了"美善"的内涵和育人价值。戏曲艺术在悠远的历史中传递的是中华民族普遍认同的价值观，其中最为核心的内容就是"美善"。许多著名京剧艺术家都秉承这样的传统。戏曲是中华民族人文精神的优秀表现形式，其中所蕴含的"美德"传播意识也源远流长，且在特定的历史时期对于社会群体的教化作用十分突出。每一出戏曲都是特定"美德"的传递，可以说"仁义礼智信"等理念融于其中，高度写意和虚拟化的舞台传递出的人文精神十分磅礴，借助弹性空间和时间，戏曲营造的是意象化的"境界"，借助"故事"描述生活，在"以美辅德"的过程中凝聚人心，汇聚起中华民族强大的精神力量。

三、艺术素养对社会思想意识的影响

社会由人构成也由人的发展而改变，发展中人与社会、他人、自然不断发生物质、精神上的沟通、改变、创造，个体思想观念也在相互交织作用中塑造和影响着社会整体思想意识。艺术作品是一定社会思想观念的表现形式，其内涵的思想理念必然与社会发展、社会诉求相交融、相适应。细化二者之间的互动关系，可以发现艺术素养对社会思想意识的影响主要表现在提升道德意识、审美趣味、价值取向等方面。

（一）艺术素养提升社会道德意识

首先，艺术素养是生活中道德意识的感性基础。"美"与"善"之间的紧密关联使得艺术素养有助于提升社会整体的道德意识，这是"以美育德"思想的重要出发点。文学家雷纳·韦勒克曾经指出，"以界定审美范围为起点的一门美学，逐步成为艺术提供最大胆的形而上学和道德依据。"[1] 康德也在其研究中指出艺术是科学、道德的中介，而人的情感则是沟通知性、理性的桥梁，他认为美是道德的象征，我国学者鲍桑葵对康德思想进行研究时总结"在康德的著作中，还有道德主义的痕迹，因为由于一种主观论的结果，他认为美的永久价值应当归功于它表现了道德观念和道德秩序。"[2] 由此可见美与道德之间存在必然的关联，"美"自

---

[1]（美）雷纳·韦勒克，杨自伍译. 近代文学批评史：第1卷[M]. 上海：上海译文出版社，1987：306-310.

[2] 鲍桑葵，张今译. 美学史[M]. 桂林：广西师范大学出版社，2001：230-235.

然也就成为道德意识的载体。在特定社会生活中,"美"的再现所体现的是社会普遍认可的道德观念,符合社会共识的"美"才能被认可,违背社会一般道德共识的所谓的"美"的思想或者形式显然不能被社会所接受。

艺术素养的培养与提升有助于使人在"美"中获得"善"的意识,所体验的自然也就是"美"中的道德意识。艺术素养所体现的是人认识和发现美的能力,也可以上升为一种欣赏美并获得愉悦的能力。这种欣赏是一种由"美"及"善"的进路。如张玉能指出,"审美的善,或有价值的艺术品的特征,是一种在适当的条件下能够提供愉悦的事物,愉悦其实是意识的延伸和净化,因此这为解决艺术的娱乐功能和追求真善二者的关系这一古老的问题提供了基础。"[①] 由此可见艺术素养作为审美感知与体验的基础,可以在"美"的启发下发现"真善",由此来获得"美"带来的"愉悦"。

其次,艺术素养可以提升社会"审美"并促进道德意识升华。艺术素养指引人如何看待"美",它是一种思想上对"美"的认识与感受能力,进一步上升为人的审美观。如:同一个艺术作品,不同的人可以获得不同的情感体验和思想解读,这就体现出个体审美观的差异,审美观对于道德观有着重要的影响。艺术素养使人在"美"中发现和感知"善",这指明艺术素养对于道德修养的提升有着一定的推动价值。如今社会环境中"美"的形式普遍存在,个性化的发展也成为当代人的追求,美与个性、社会发展与个体发展之间的碰撞表现为"美"的形式爆发,多样的"美"存在于社会各个角落,其形式中所蕴含的道德观念、道德意识也必须通过"审美"活动来发现,因此艺术素养可以帮助人在纷乱嘈杂的世界中发现美的道德意蕴,借助美育的中介来发现各种形式的"美"中蕴含的主流道德意识,从而形成更加积极向上的思想意识和人格,激发自身对更高道德标准的追求,以此带动和促进整个社会道德观念和素养的提升。

发现美并欣赏美,并借助"美"来塑造自身的品格这一命题在我国文化体系中自古有之,艺术素养代表的不仅仅是个体的艺术能力、艺术审美,更是整个社会道德水准提升的基础。就如孔子所倡导的"礼乐"教育思想,恰恰是将"礼"和"乐"结合起来,虽然这里"礼乐"的内涵有着时代的局限,但是"礼乐"之间相互促进的朴素思想意识已经溶于其中,孔子最终的目标也体现在"乐"而知

---

① 张玉能,等. 新实践美学论 [M]. 北京:人民文学出版社,2007:75-76.

"礼"，借助乐教来提升整个社会"礼"的程度。可见个体艺术素养的提升不仅仅是单独个体的知"礼"，更是全社会知"礼"的重要基础。社会是由个体构成的，社会个体艺术素养的全面提升，势必会改变社会审美观，从而提升社会整体道德意识。

（二）艺术素养提升社会审美趣味

审美趣味，是人对自然、社会、生活中各种现象或者事物乃至艺术品的直观审美评价和倾向，是一种审美态度。其形成与人的主观好恶有直接关系，也决定于个体审美的选择取向。社会审美情趣的形成与个体审美趣味的差异相关，总体上的社会审美情趣可以通过教育、引导而发生改变。艺术素养之所以可以影响社会审美情趣主要是因为其内在的固有属性。在艺术素养的形成和发展过程中，人有意识地改变了审美价值观和态度，借助艺术素养的提升人可以形成超越功利的审美态度，艺术素养越高，其对于社会现象、艺术作品的理解也就愈加地深刻，可以透过现象看到本质，形成这样一种审美状态："唯有审美时，才出现的一种奇特的心理的状态，而且外物美与不美，或能否发现外物的美，都是由这种状态决定。"[①] 此时，在人欣赏艺术美的过程中反映出自身的主观感受和价值取向。

审美趣味是"人在审美经验中形成的审美定向，这种定向本身也以每一种新的审美知觉和体验为媒介，进入新的经验中"。[②] 审美经验、审美趣味之间存在相关性，艺术素养可以对人的审美经验、审美趣味产生影响。审美趣味可以通过艺术素养的提升发生改变，源于审美趣味是人后天的生活经验、心理能力、审美经验综合的产物，受到人所处的组织、群体、地区、社会、民族、文化模式等的影响，在同一个社会形态中，基于个人所处环境的具体差异，抑或是美育方式的不同，其形成的艺术素养有所不同，最终会导致个体的审美趣味也不尽相同。艺术素养本身是一种综合能力，通过美育对个体的塑造推动艺术理论水平和艺术鉴赏能力的提升，能够改变审美观和价值观。艺术素养也可以理解为一种知性和感性的结合，艺术素养与审美趣味之间有感性为中介，实现相互影响的关联。具备良好的艺术素养可以在社会美中获得更佳的"审美经验"，改变主观上的审美评价取向，

---

① 腾守尧.审美心理描述[M].成都：四川人民出版社，1998：20-21.
② （爱沙尼亚）斯托洛维奇.审美价值本质[M].凌继尧，译.北京：中国社会科学出版社，2007：150.

进而提升自身的审美趣味，改变对事物的好恶观念，并最终影响整个社会的审美倾向和品味。这是艺术素养通过作用于个体而影响社会审美趣味的基本原理。

审美趣味是一种高级的心理体验和态度，先天条件、后天审美教育、生活审美环境是造就审美趣味的基本要素，总之个人生活在社会之中，他的趣味能力要受到整个社会集团的心理结构的制约和限制，而在这种界限之内又有比较宽阔的个人选择自由。这与思想政治教育的基本理念有着相似性，在社会主义国家内，社会的审美趣味必然以社会主义审美价值、核心价值观为基础，个体审美趣味也应当符合社会价值需求。但个体因为自身条件的差异，审美趣味也必然有所差异，所体现的审美趣味也有高低之分，并具备相关划分标准社会内部也必然存在高雅和低俗的审美趣味，这与不同个体的艺术素养差异存在直接关联。从社会发展、人自身发展的角度看，反映真善美、有利于推动社会和个人发展的审美趣味是高雅的，反之则被认为是低俗的。艺术素养的功能在于提升人的审美经验，完善审美价值观，因此可以影响审美趣味。整个社会的艺术素养提升，自然也就可以引导全社会的审美趣味向着高雅方向发展。例如：借助传统艺术创作的秦腔戏《王贵与李香香》，借助传统艺术的创新形式，描述革命时期陕甘宁地区普通民众的生活，将爱情故事、普通劳动生活与革命背景结合，体现了革命的艰苦以及对普通农民的影响。它在上映后的两年时间里获得了普遍的好评，掀起了提倡勤俭推崇朴素的社会风尚。这就说明好的艺术作品可以改变社会审美趣味，借助秦腔这样的地方特色获得当地人的兴趣，进而借助艺术化的手段来改变审美品味，将其中先进的价值观与普通群众的审美趣味结合，就可以打动人心，将传统艺术、传统题材的思想政治底蕴激发出来，使之引导群众的审美品味与时代发展相适应。

（三）艺术素养影响社会价值取向

首先，艺术素养可以帮助人更好地理解社会思想观念。艺术有着丰富的思想和价值内涵。人类文明经过几千年的发展、沉淀，追求美始终在人类精神世界中占据重要的地位。"美"的形式随着人对自然、社会、科技的认识与发展不断拓展，对各个民族、社会、国家而言，各种美的形式都有着重要的思想、人文价值。艺术源自于人类的生活并被赋予了深刻的思想内涵，艺术美对于人的感染力要强于其他教化形式，艺术是人类掌握世界的重要方式之一，其思想价值已经被人类所共识。如，音乐、舞蹈、美术等艺术形式从不同的角度刺激着人的感官体验，在强烈的艺术美刺激下,人可以透过艺术形式而感悟其中的文化内涵、思想内涵。历史上许多美育观点、哲学观点都认为,艺术不仅仅具备审美价值,也蕴含着丰富的人文精神以及美学思想、哲学思想等。人通过美育提升艺术素养,可以让人认识到不同社会背景下,"美"体现出的特有的思想情感与价值观内涵。只有认识到彼此思想观念的差异,人与人之间才能更好地理解和交流,乃至和谐相处,并促进思想观念的相互交融,形成社会所需的主流价值取向。

其次,艺术素养可以帮助人更好地体悟社会思想观念的深刻内涵。艺术素养是人对"美"的感悟能力,是价值观改善和提升的基础。艺术素养是人对"美"的理解和认知,是通过眼睛、耳朵与头脑的相互关联的生理过程而形成的内在的主观判断能力。人人都具有一定层次的艺术素养,虽然多数人没有经历过"素养"培育的过程,但对"美"的向往,使得每个人都可以从形式美中感悟"美""善"的思想内涵。艺术素养可以帮助人了解不同形式美中所体现的独特的文化精髓、艺术风格、美学特征、人文精神、社会价值取向。例如:在古代封建社会君主提倡孝道,教化民众,只有每个家庭和睦,社会和国家才能持久发展。"孝"是中国传统文化的重要组成。《孝经》文化起源于儒家学说,孔子及其弟子以对话的方式谈论孝的作用与意义。在《孝经》中提到,"夫孝,德之本也,教之所由生也。"[1]

孝道对于中华民族的意义重大,在各种"孝"的理念传播中不乏一些经典的故事和事迹,历朝历代都有对孝道的直观描述,包括绘画。很多朝代都有画家以《孝经》为素材创作各种绘画作品。一些朝代的统治者还将孝经刻画出来,绘制成为图册传播。如在《孝经·广要道》中,"子曰:教民亲爱,莫善于孝。教民礼顺,莫善于悌。移风易俗,莫善于乐。安上治民,莫善于礼。礼者,敬而已矣。故敬其父,则子悦,敬其兄,则弟悦,敬其君,则臣悦,敬一人,而千万人悦。所敬者寡,而悦者众,此之谓要道也。"[2] 要表达这个意境,北宋画家李公麟选择的是院落场景,描绘的是私人活动内容,两组人物在自然闲适的环境中仍保持有礼有节,两组人物相互恭敬、敬仰,表达了广要道的基本思想内涵。在画作中李公麟借助日常、闲适的场景来体现"礼"的日常性,对观者产生了潜移默化的教育效果。

---

[1] 汪受宽.孝经译注[M].上海:上海古籍出版社,2007:36-42.
[2] 同上.

最后，艺术素养可以帮助改善社会价值取向。"美"的形式丰富多样，普遍存在于社会各个角落，尤其是当代科技发展使得信息传播速度加快，范围更加广阔，各种APP以最快的速度将"美"带给每个人。人人都具有一定的艺术素养，作为自觉的思想活动、心理活动、情感活动，艺术素养影响人对"美"的看法，对社会的理解，对价值取向的塑造。如前所述，美育中附加着丰富的思想、情感内涵，可以让外在的"美"的形式对内在的思想意识产生影响，进而塑造人格。艺术素养是人的审美意识和审美价值取向，艺术的普及、普遍存在，提高了民众对艺术的敏感性，个体对美的态度的普遍提升也就影响着社会整体的审美取向。"新冠疫情"期间，被艺术加工过的富含激励性质的"短视频"，可以被看做是一种视觉艺术，它所蕴含的向上、担当、团结的思想内涵为公众所接受，艺术素养帮助人在其中获得人文精神的感悟，并确立积极、向上、团结、互助的价值取向。另外，艺术素养的形成过程中，需要不断的感知和学习，在这过程中人必然会接触更多"美"的形式，它们绝大多数是蕴含着符合社会、人民意志的价值观，随着人民群众的艺术素养普遍提升，良好的社会风尚得以形成，社会价值取向也会变得越来越正向化。

四、当下艺术素养培育的误区和对思想政治教育的负面影响

艺术素养的形成和发展体现在人的成长过程中，在不同的成长阶段人们所接受的审美影响以及形成的审美价值观存在差异。艺术素养培育中存在的误区影响的不单纯是教育、养成过程，更会对家庭、学校、社会塑造思想意识的视角、方法、结果等产生负面效应。艺术素养培育中的误区会对人的思想认识产生负面影响，由此导致其审美观的扭曲，进而影响其价值观的树立。尤其是外部环境以及社会思潮对人的艺术素养形成产生诸多的不利因素，使得人对于"美善"标准变得混乱与迷茫，进而消解了"美"对人基本素养以及德行的良性塑造，对思想政治教育产生负面影响。

（一）艺术素养培育的消费和媚俗误区及其负面影响

艺术素养与人的艺术学习和经验累积直接相关，但不能忽视的是社会环境以及价值取向对于艺术素养形成的影响。现阶段，我国社会的发展在物质文明方面

取得了长足进步，但与之相应在精神文明方面仍存在一定落后。随着社会生产的快速发展，消费与媚俗的思想开始影响人民群众，也干扰了艺术素养的形成和发展。消费和媚俗使得人的精神世界变得物质化、形式化，自然也就对思想意识产生了负面影响，片面追求利益最大化的思想观念不利于社会主义核心价值观的培育与践行。

1. 消费误区与媚俗误区

消费误区的出现，主要是因为市场经济的发展推动了公众对于市场效益的追求，一方面商品的供给者片面迎合市场需求，追求效益最大化，致使商品生产与销售的目的发生了改变，原有的满足基本使用价值的诉求转变为多元化迎合市场趣味的趋势。相应社会民众对于商品的需求也发生了改变，潮流、时尚等诉求成为主导，更多符号化的虚拟价值替代了人对于商品本身使用价值的追求，流行元素、时尚元素成为人关注的重点。此时商品乃至周遭艺术形式的内涵就被忽略，人的思想意识也逐步倾向形式化、利益化。在此背景下，艺术素养作为人的审美能力也发生了改变，更加深层次的"美"的追求也变得功利化。在对流行、时尚的片面追求中，"美"的深度变得肤浅，流于表象的"美"显然并不具有更多思想内涵。而引导审美趋势的艺术教育、公共艺术产品乃至商品的艺术内涵逐步被消费诉求影响，为了追逐更大的利益，"流行"成为审美的唯一标准，而这样的审美价值观显然是片面和畸形的，所产生的负面影响也是不容忽视的。例如，以往艺术团体演出的目的是将良好的艺术呈现给公众，并借助艺术的感召力引导群众树立良好的审美价值观，而今天一些艺术活动完全以市场为导向，以利益为目标，通过商业化的包装和炒作进入市场并获取经济利益。这些文艺演出的背后，都有着丰厚的经济利益回报，文艺演出的价值不单纯是为受众提供艺术享受、艺术熏陶，更多的是演出本身的商业价值。再如艺术品的收藏也变得功利化，艺术俨然成了赚钱工具，其遵循的不再是艺术价值、人文价值的美育导向，而是市场规律，并追求利益的最大化。片面考究"真迹"与否成为艺术品鉴赏的主要方面，由此导致鉴赏者审美价值观变得扭曲，所形成的艺术素养已经不再是人对"美"的理解，而是技术层面的辨识真伪。

在消费误区的影响下，艺术素养培育也不可避免地呈现消费化趋势，精神价值在过度消费、片面追求利益中呈现消解趋势。美育过程被消费化所入侵，艺术素养也变得功利起来，为了经济价值而学习和提升艺术素养的情况更加常见。例如："钢琴热"，许多家长不是为了孩子自身的艺术情操、艺术素养来引导孩子学习钢琴，更多的是看中钢琴"技艺"的时尚性、身份性等隐形价值，在这样的教育思想指导下，学习钢琴已经失去了美育的价值，而纯粹是在学习钢琴这项"技能"，弱化了钢琴这项艺术塑造人格的功能。美育以及艺术素养已经不能为"高尚人格"服务，而是在为有价值的"技术"服务。我国逐步进入小康社会，人的经济能力、消费水平不断提升，对于精神文明的追求也随之提升，在对精神世界的追求中，不可避免地杂糅了许多消费化意识，直接影响了人对艺术素养的追求出发点，功利的心理占据主导，如果不能很好地摆正思想，堕入消费化的误区，自然不能在美育和艺术素养培养中获得"人格"的提升。

同时，媚俗误区也在侵害艺术素养对审美价值观的塑造。媚俗讨好迎合低级趣味，"俗"在此代指片面追求感官刺激、欲望满足等低级趣味。美国思想家马泰·卡林内斯库指出媚俗有两个视角："第一，历史—社会视角，媚俗艺术，就如我们对它的使用是典型的现代的，是与文化的工业化、商业主义和社会中日渐增加的闲暇紧密联系的；第二，美学—道德视角，媚俗艺术是虚假艺术，是以或小或大的规模生产形形色色的'美学谎言'。作为一种哗众取宠的艺术，往往为大众消费而专门设计，媚俗艺术有意为广大民众那种最肤浅的审美需求，或者奇怪念头提供即时满足。根本上说媚俗艺术的世界是一个审美欺骗和自我欺骗的世界。"[①] 这一论述说明，媚俗艺术的产生有其社会历史原因，典型表现是片面对肤浅感官欲望的满足，是对大众审美追求的误导与欺骗。社会商业化而出现的媚俗艺术、媚俗思想、媚俗意识使得艺术素养培育的内涵发生了改变，原本对"美"的鉴赏以及感知能力，被"美学谎言"所欺骗，这就导致艺术素养的"以美育德"效果丧失。人关注的焦点已经不再是"高尚人格"而是"即时享乐"，所塑造的所谓艺术素养也变得庸俗，辨别"美"的眼睛也只能被"谎言"所掩盖，低级的审美欺骗显然不能助人养成"高尚人格"，社会大众的审美追求、精神追求、价值观也落于俗套。

---

① （美）马泰·卡林内斯库. 现代性的五副面孔 [M]. 顾爱彬，李瑞华，译. 北京：商务印书馆，2002：282-287.

2. 消费和媚俗误区对思想政治教育的负面影响

首先，消费化、媚俗化改变了艺术素养培养过程以及所形成的审美价值观，消费误区使得审美倾向物质，媚俗误区使得审美倾向肤浅，而物质与肤浅的审美认知使得思想意识也呈现相似变化，从而失去了深刻反省、思考以及判断，并形成良好"人格"的能力。这种情境下所形成的思想观念对于社会中存在的相关"美善"的认知也容易出现偏差，导致出现追求感官刺激的消费化、媚俗化结果。在这样的思想意识影响下，家庭、社会的审美意识、审美取向也在发生改变，这对于人的"美善"教化无疑是一种负面影响。人在这样的审美价值观下很难形成丰富且完善的人格，思想意识也随之变得物质化、低俗化，抵消了思想政治教育的目标和成效，阻碍了人对于高尚人格的追求以及全面发展的实现。思想政治教育的目标是使人形成崇高的理想和信念，并在生活中形成良好的道德意识和行为规范。过度消费和过于媚俗的审美趣味，显然不能为人的发展空间提供足够的深度和广度。尤其是艺术素养被消费误区、媚俗误区影响后，削弱了艺术素养激发人的感官反应和情感体验能力，不利于人在想象、理解中获得高级的精神体验，人们无法对"美"的思想内涵和精神意义进行深度思考，人的思想意识受到影响，使得艺术素养水平下降，对于崇高范畴的艺术理解力下降，对于消费化、媚俗化的艺术作品兴趣提高，此时人眼中的"美"更多的是利益、娱乐价值，丧失了精神价值。西方法兰克福学派的代表人物就对于艺术商品化、符号化的异化现象进行了批判，如阿多诺直言"轻松的艺术"是罪恶。马尔库塞对资本主义工业时代下的艺术作品批判性、创造性的缺失进行了批判，并在《审美之维》中指出"必须通过审美艺术来恢复人的'新感性'，那就是能超越意志性、理性的界限，形成和谐的感性的和理性的新关系的感性。"[1]

艺术素养在精神境界之中有着重要的价值，其对于思想意识的影响也关乎精神境界的升华，借助艺术素养可以让人获得一种高级的精神和理性层面的愉悦、满足，即艺术的感性形式能够帮助人获得思想观念的理性升华。艺术素养的消费化、媚俗化直接削弱了人对于艺术的精神诉求，也改变了人的思想意识。如：社会公共艺术的影响逐步减弱，大众对富有深刻内涵的艺术作品鉴赏欲望下降，导

---

[1] （美）马尔库塞.审美之维：马尔库塞美学论著集[M].李小兵，译.北京：生活·读书·新知三联书店，1989：89.

致悲剧、舞剧等艺术形式日渐衰弱，而无厘头、恶搞、扮丑等进入公众视野并被广泛传播和接纳。这些失去深刻内涵的流行美难以让人在思想意识上获得启发和思考，产生的效果仅仅是浅层的娱乐快感，这样的流行美充斥着公众的眼球，其结果是让人本有的理解力、想象力弱化，不利于人的全面发展，这是一种社会的倒退。此时思想政治教育便难以通过艺术素养提升、审美取向改变等方式来引导人形成"高尚人格"，失去了"美"的支持，"善"也变得空洞和虚无。

"美"是一种客观对象作用于人的主观意识而产生的积极体验，应当明确"美"不仅能给人带来情感上的满足，它还能以生动的形式、丰富的内涵，揭示出希望、和谐、美德、真理；而消费化、媚俗化的误区却降低了"美"本来应当具有的思想内涵。美国媒体研究学者波兹曼就指出，"人类已经在不断失去权威控制，从而进入一个文化精神枯萎的状况，这就是文化在欲望的放任中成为庸俗的垃圾，人因为娱乐而失去自由。"① 当代的艺术素养呈现出被消费、媚俗误区同化的倾向，本来所能够达到的精神高度不断降低，人对高雅、崇高的艺术理解力变弱，艺术素养对于思想政治教育的积极影响也被弱化，培育高尚情操的作用也日渐式微。

关于此问题，习近平总书记在2014年文艺工作座谈会上便有所关注，并指出，"文艺不能在市场经济大潮中迷失方向，不能在为什么人的问题上发生偏差，否则文艺就没有生命力"，他进一步指出"低俗不是通俗，欲望不代表希望，单纯感官娱乐不等于精神快乐。"② 习近平总书记指出艺术作品所传递的"美"，不能脱离人民群众的精神发展诉求而片面迎合市场，作为"美"的表现形式，文艺作品的社会效益应当放在经济效益之前，教化和影响人的意识，使人能够理解和感知高尚的精神内涵，不断提升精神境界才是文艺发展的正确方向。艺术素养培养的消费化、媚俗化直接影响着思想政治教育的思想高度、价值高度、精神境界，过于消费化、媚俗化的艺术素养，所造就的审美价值观也将"俗套"化，其结果对于社会整体的思想认识和精神境界显然存在明显的负面作用。

（二）艺术素养培育的技术和视觉误区及其负面影响

艺术素养的培育包括提升人外在的艺术表现力和内在的艺术鉴赏力两部分，

---

① （美）尼尔·波兹曼. 娱乐至死 [M]. 章艳译. 桂林：广西师范大学出版社, 2004：205.
② 习近平. 在文艺工作座谈会上的讲话 [N]. 人民日报, 2014-10-15.

前者表现为人对于艺术、社会、自然的"美"元素的运用，并形成"美"的作品，包括绘画、演奏等，这些都是艺术素养外在的表现；内在的艺术鉴赏力则主要包括人的审美能力、审美取向等，体现为人对"美"的态度与好恶。这两方面都需要通过一定的技术和视觉手段来实现。然而，而过度的技术化、视觉化却会使人对"美"的追求变得肤浅和表象，所引发的不仅仅是自身审美取向的改变，其思想意识也会相应变得扭曲，给思想政治教育带来的负面影响不容忽视。

1. 技术误区与视觉误区

首先，技术本身对艺术发展起着必要的推动作用，网络技术、计算机技术、通讯技术的进步，让"美"的形式多样。光电技术、短视频制作技术改变了新媒体中的"美"语言。比如：数字技术处理而成的艺术作品称之为数码艺术。技术改变了人与人之间的空间、时间距离，也改变了"美"的形成和素材质量。可见，技术最大的优势就是生产效率的提升，然而人制造"美"是不能通过数量而改变内涵的，单纯依靠技术所"生产"的"美"，在一定程度上削弱了"美"的精神价值。过度使用技术的误区使得"美"形式化，削弱了艺术素养的人文内涵、审美价值。科技发展始终伴随着人类文明的进步，如今新型技术不断涌现，过度的技术应用对艺术素养产生了负面影响，造成了技术误区。这种过度强调技术本身的误区使人弱化了对"美"本身精神、人文内涵的关注，形式化的"美"导致人的感官需求也屈从于表面化、简单化，视觉冲击效果替代了原有"美"的意境、内涵的表达方式，直接以技术替代以往复杂的创作过程，使获取的艺术素养也变得肤浅。

过度技术化使得"美"的创作沦为"复制"滥用，技术高效、便捷、易操作的优势却导致"美"的创作流于形式，仅是简单的复制、堆砌有"价值"的元素、符号，而原有的"灵韵""境界""意识"在技术滥用中丧失，结果导致艺术作品被消费、媚俗思想所侵蚀，所谓的"新艺术"消解了"美"的深度和意义。此时人的能动性、主观意识都被影响，其艺术素养的表现也变得无力，仅仅借助技术就可以实现艺术创作，完成演奏、创作、绘画、设计等，这些过程中人的审美意识无从发挥，自然也不能在"创作"中形成"美"，过度运用技术最终会替代原本的"美"的创作，超现实的临摹、复制对于"美"的创造是灾难性的。"美"中原有的思想内涵与人文精神与被替代，感觉、情感、精神、震撼、神圣感被"复制符号"所消磨，艺术素养的审美价值、感召价值也被削弱。艺术素养在技术面前难以体现人的主观作用，欣赏能力、感知能力、情感共鸣都在"复制"中"简单"化，艺术作品的审美价值、思想价值被拉低，艺术素养中应有的精神、人格价值也就无从谈起，自然也就失去了"美善"互动的动力。

从另一层面看，过度的技术应用改变了人的审美取向、审美趣味，人关注的重点在过度技术的遮蔽下，屈从于复制、炫酷的审美取向，发现和思考的空间被固化，浅层的表象意识被激活，人对"美"的求异性理解以及主流思想意识弱化，失去了对于"美"的感知能力和创造能力。发现美的"眼睛"所关注的不再是对"美"的感知、发现和思考，更多停留在对技术层面的复制上，原有的思想表达效果被弱化，人对"美"的认知能力和感悟能力逐步弱化，使得个体失去了欣赏美、创造美的动力。此时审美价值观以及审美取向的个性化无形中被拉低，艺术素养原本的精神属性和个性特征也被削弱，艺术素养的要求和功效逐步降低，导致"美"的创作能力降低，人的思想观念难以被"美"所熏陶和影响，活跃性、发散性、想象力在"美"的技术影响下趋同，人总体审美能力、审美意识被拉低，思想意识的教化价值弱化，并被更加简单的、直接的技术复刻所左右。

其次，过度视觉化的误区也在影响艺术素养的培养和形成。我们每个人对世界的感知是通过以视觉为主的综合感官交互作用而实现的，视觉在其中起着基础性作用。从人的感知视角看，视觉给人带来的是对自然美、社会美、艺术美的直观体验；听觉则带给人对声音"美"的体验，二者相互辅助，作用于人的思想意识、精神世界还原形成综合性的"美"，此过程也是艺术素养发挥作用的基本过程。在通常的审美价值观形成中，视觉的作用较为重要，是刺激大脑感知美、理解美的重要途径。然而，过度强调视觉效果的误区导致我们通过眼睛看到的信息已经不再那么真实，更多的影像处理技术、数码处理技术，甚至是"直播美颜"技术都在影响人的视觉感知能力。"美"的元素被技术应用到"视觉"中，趋同化的"美"被复刻在原本并不美的事物上，曾经的多元化的"美"成为趋同的符号。"眼见为实"日渐变得"眼见不为实"，更多的所谓视觉效果已经脱离了人文本质，原有的"美"的价值发生了改变，"美"已经不再源于生活，而是源于臆断、捏造。美国学者丹尼尔·贝尔在《资本主义文化矛盾》中指出，"印刷不仅强调认知性和象征性的东西，而且更重要的是强调了概念思维的必要方式。视觉媒体——我这里指的是电影和电视——则把它们的速度强加给观众。由于强调形象,而不是强调词语,引起的不是概念化,而是戏剧化。"[1]可见,过度视觉化给人的"美"的感知虽然更具冲击力,但也变得荒诞而"戏剧化"。过度视觉化的"美"遮蔽了本应具有的更深层的文化内涵,简单粗暴的视觉冲击显然不能给人以思想意识的启迪,艺术素养所塑造的审美价值取向的过程已经发生了改变,借助"美"的差异性来消化美、理解美、塑造美的过程也不复存在,在过度视觉化氛围中显然已经不再具备重要的感悟、共鸣的过程,艺术素养在审美趣味、审美价值观的塑造中自然失去了原有的作用。

2. 过度技术和视觉化误区对于思想政治教育的负面影响

对技术的过度依赖与对视觉的过分强调导致"美"的形成和欣赏变得简单化,简单的信息加工或者创造,显然难以具备丰富的"精神"内涵,此时所形成的"美"的氛围自然也充斥着肤浅的感官刺激。就如当下众多被技术处理过的视觉"作品"充斥网络,缺乏内核的"作品"拉低了公众的审美能力、理解能力,创作者借助技术实现视觉"冲击",而受众仅仅依靠大脑"表层"的条件反射就可以"看懂",这无疑拉低了人本应当不断提高的艺术素养。此时创作者、受众的"精神"空间被逐渐固化,丧失了人应有的想象能力、思考能力,自然也就弱化了人对"美"的判断,思想意识的发展也受到制约。人的全面发展包括精神世界的自由,"美"可以带给人无限的思想空间,但如果过度利用技术复刻"美"、利用视觉满足"美",就迷失了人对"美"追求的初心,思想意识也必然被桎梏。简单的缺乏内涵的形式美制约了人丰富的、自由的想象力,过度的技术性复制让审美认知也变得浅显,艺术素养塑造高雅情趣、高级体验的效果也被弱化,人对自身精神空间的开拓能力也变得薄弱。"美"本身具备的"精神""灵韵"等特质在过度技术、视觉效果面前逐步弱化,取而代之的是过于简单的"创作"方式和形式。人对欣赏偏好、审美趣味的诉求也变得技术化、视觉化,限制了人的精神世界的发展。缺乏鲜活的、人性的、自然的、精神内涵的"美",是难以刺激人形成对真正美的追求和感悟能力的。过度技术、视觉的桎梏显然对于人的思想意识发展产生了较大的影响,这样的制约不仅仅限制了艺术素养培育和发展空间,也在制约

---

[1] (美)丹尼尔·贝尔.资本主义文化矛盾[M].赵一凡,等,译.北京:生活·读书·新知三联书店,1989:156-157.

着人思想意识的自我完善，这种简单化、表象化、趋同化的思想诉求显然不是思想政治教育所期望达到的目标。

过度技术化与视觉化使得"美"的精神价值被削弱，作为一个相互作用的统一整体，"美善"之中如果"美"的价值被弱化，"善"的标准也就会受到影响，思想政治教育所倡导的"以美引善"的作用自然也会减弱。肤浅的审美意识显然不能对人产生深层次的精神、意识刺激。如在家庭、学校教育中对技术、视觉作用的过度强调，使得孩子、学生的审美趣味变得趋同、固化，对各种"美"的内涵理解能力减弱，导致他们对"美"的创造性认知缺失，此时他们所养成的艺术素养、道德修养也更多停留在简单的"娱乐"层面。在人的成长环境中，从家庭、学校到社会，如果人对"美"的感知只停留在浅显的"娱乐表达"，那么，所达到的"美"的"共鸣"，就无法触及或者引发思想观念的激荡和思考，思想政治教育中借助"审美"而实现思想共鸣的诉求也不能被满足。过度技术、视觉符号已经替代了"思考""理解"的过程，"美"丧失了精神距离和空间，难以让人产生有深度的思考和理解，艺术素养也变得"简易化"，这就丧失了引发人思考的价值，这样的状况对于思想政治教育而言，也失去了"美"拓展思想的功能，桎梏了人全面发展的空间。人的审美诉求如果仅仅停留在看懂、听懂的层面，思想意识中的分析和理解能力自然薄弱，也就难以适应社会发展的节奏和目标。从更广的社会层面来说，积极健康、理性向善的良好社会风尚也就难以形成。

（三）艺术素养培育模式化与去传统化误区及其负面影响

艺术素养对人的思想意识影响是多元化、个性化的，其形成以及对人精神世界的影响体现的是独特的审美价值和功能。模式化以及去传统化是对艺术素养多元化、个性化的消磨，"美"的多样性被否定，自然也就无法对人的精神世界产生多重刺激，促使人进步和发展。艺术素养的培育如果失去人文精神的内涵底蕴，缺少自在多样的丰富内涵，所塑造出的个人显然难以适应自身和社会发展的需要。思想政治教育的目标在于塑造有自由个性的灵魂，其教育形式和思想内涵不是固化的、僵硬的，而应当适应人的个性化需求，过度的模式化显然不利于思想政治教育的开展和效果实现。而从社会精神文明建设的角度看，社会发展不能失去优良的传统和文化底蕴，毕竟中华民族五千年的历史所造就的民族品格、民族精神是不能被遗弃的，如果优秀的文化传统被遗弃，社会文明发展将失去根基，缺乏人文、传统的思想意识教化显然也就没有了生机和活力。

1. 模式化与去传统化误区

首先，模式化过度强调整齐划一，导致艺术素养的精神价值、育人价值被消磨。如今我国的社会经济水平得到了极大改善，社会精神文明建设也愈发被重视。作为综合素质教育的重要构成，艺术素养的培育也成为教育领域的关注重点。毕竟艺术素养、审美价值观的培育可以帮助人塑造良好的审美感知能力和审美取向。但在相关的教育领域却出现了模式化的倾向，如：在艺术教育中模式化的情况十分普遍，多数艺术教育机构都在借助刻板的模式来培养学生。不论是专业教育还是业余教育，学生学习的艺术形式，如绘画、书法、音乐等普遍都侧重于"技术"层面的深化和提高，且内容千篇一律，虽然在技术上可以达到其期望的目标，让学生学习并掌握一门"艺术"形式，但是学生在精神层面却没有得到深化和提升，即学生艺术素养的思想性内核没有在学习中获得提升，其审美价值观、审美趣味没有得到很好的引导，模式化的教育形式所培育的是演奏者而不是"美"的传递者。

甚至艺术教育成为消费需求驱动下的盈利"工具"。如：在音乐教育领域，现如今许多声乐教育培训，着眼于炫技的大众消费需求，着力于如何让学生在观众面前展现表演技巧，而对歌曲的选择以及内涵的阐释则被搁置，教育的商业色彩十分明显，更多的人学习音乐不是为了喜好，更谈不上自我品格提升，盲目、从众的心理使得音乐教育也更加功利和模式化；在乐器教育领域，热门乐器学习者趋之若鹜，而冷门的"文化""艺术"性较高的乐器则无人问津。许多教育机构为了迎合市场需求，会刻画固定的模式来实现教育盈利的目标，使得艺术培训、艺术素养培育都集中在一些固定领域与模式下开展，最终造就的不是具备艺术素养的艺术爱好者，而是只具备艺术技能的演唱者、演奏者等。艺术素养的这种培育模式所关注的已不是个体辨别美、感知美的能力，其"引善"的价值已经模糊，模式化的简单复刻丧失了美育所倡导的个性化、德性化、精神化的塑造功能，艺术素养也在模式化中失去了其本应具有的"以美引善"的思想政治教育价值。

其次，去传统化过分强调现代元素的引入和运用，这使得艺术素养培养丧失了传统人文精神的底蕴。如今公众对于视觉媒体的关注度普遍增加，移动终端的普及使得人可以轻松地通过视频软件获得信息，观看自己想要看到的所谓艺术作品，而充斥在人眼前的视觉产品并不能称之为"美"，仅仅是一种依靠现代技术人为制造的视觉产品。多数视觉产品缺乏最为基础的人文精神，人文底蕴，缺少民族传统文化中的人文元素，简单粗暴地满足人的视觉需求，使得原本蕴含于"美"中的精神价值缺失。虽然新媒体的视觉产品只是一种艺术形式，但是不可否认的是这种形式的流行反映出艺术素养培育中的去传统化的趋势，主要原因是更加多元的外部思想和文化输入，一部分人出于功利目的、更多人则是缺少相应的甄别和批判能力，从而不自觉地被"短平快"的快餐文化所引导，而对优秀传统文化置之不理。所谓的一些"新理念、新思潮"的目的不是传达"美"的新意境，而是简单的文化输入和侵略，所传递的理念是传统文化已经"落伍"，应当追求"新"的文化意识。它淡化了人们对于传统文化的继承意识，导致社会中的传统文化蕴意日渐式微，给媚俗文化思想有机可乘，如：简单的视觉"艺术"替代了底蕴深厚的传统艺术形式，很多传统文化、艺术形式甚至濒临消亡，这不仅仅是形式上的消失，更是传统文化中优良思想的消失。

我国具有五千年的文明历史，纵观历朝历代的文化思想、艺术形式和文化内涵，都有其值得传承的思想精华。传统文化中的思想精华已深深融入中国人的血脉之中，许多中华民族的传统文化及其蕴含的人文思想早已内化于国民思想观念中，其中"美"的思想也被传承，所孕育的"美"的意识自然更容易被中华民族所接纳，并形成优秀的民族品格。艺术素养培养中的去传统化，显然不利于传承和发扬中华民族的优秀品格和思想意识，传统文化的衰落使得美育失去了原有的民族特征，使得审美意识趋同于外部思潮，乃至其他民族的思想意识，最终消磨的是中华民族的特有品格，这是极其危险的。

五千年的文明历史造就了博大的中华民族思想政治教育资源，单就艺术素养培养而言，无数的艺术作品、艺术传承、艺术门类构成了塑造人艺术素养、审美价值观的丰富源泉，为当代国人提供了丰富的艺术、文化、精神财富。就"艺术美"视角看，历史上各个时期的艺术家、艺术作品都蕴含着中华民族优秀思想和人文精神，追求的都是艺术和人格上的崇高境界，如果摒弃传统，无疑是否定了中华民族五千年的文明史、艺术史，是对艺术本身人文价值的忽视，因此去传统化的艺术素养显然不完整，缺少的是丰富的底蕴，体现的是肤浅的、流于形式的艺术追求和认知，是极其片面和畸形的。

2. 模式化和去传统化误区化对于思想政治教育的负面影响

首先，艺术素养培育的模式化、去传统化不利于思想政治教育"人文"价值的发挥。思想政治教育是完整的思想意识教化体系，在引导和教育中，必须依托厚重的人文基础。任何国家、民族都有其独特的人文思想，中华民族已经延续了五千年的文明历史，虽然在特殊的历史时期，外部文化、思想随着侵略者进入我国，但是中华民族的优秀文化、民族精神始终没有消亡，反而在抵御侵略中展现出独特的人文和思想价值。社会主义核心价值观中的和谐理念是建立在传统和谐、大同思想上的，是对传统文化的继承与弘扬。社会主义核心价值观中其他理念也体现出传统文化的精髓，同样也是对传统文化的继承和创新。由此可见思想政治教育不能脱离人文精神的土壤，而应借助悠久的文化底蕴来拓展其思想内涵，从而更好地教育引导广大人民群众。如果社会中充斥着模式化、去传统化的"美"，将严重影响中华民族优秀传统文化的传承和发展，这对于思想政治教育显然十分不利。

其次，艺术素养培育的模式化、去传统化将窄化思想政治教育的审美视野。如果在学校教育中，选择机械的、刻板的、单一的教育形式，选择迎合社会消费价值观的教育形式和内容，这种被同化、俗化的审美标准，就会弱化真正的"美"对人自由发展的积极影响。在这种培养模式下，受教者的思想意识将被固化，简单肤浅的审美认知能力显然只能被动接受"低俗""肤浅"的形式，结果反而容易被不良思潮所影响，模式化使得崇高追求"美"的意识被消耗，限制了人的思想进步与发展，显然不利于思想政治教育的有效开展。

围绕传承和弘扬中华优秀传统文化，习近平总书记有过多次重要论述，特别强调"要讲清楚每个国家和民族的历史传统、文化积淀、基本国情不同，其发展道路必然有着自己的特色；讲清楚中华文化积淀着中华民族最深沉的精神追求，是中华民族生生不息、发展壮大的丰厚滋养；讲清楚中华优秀传统文化是中华民族的突出优势，是我们最深厚的文化软实力；讲清楚中国特色社会主义植根于中华文化沃土、反映中国人民意愿、适应中国和时代发展进步要求，有着深厚历史渊源和广泛现实基础。"[①]

---

① 习近平. 习近平谈治国理政[M]. 北京：外文出版社，2014：155-156.

优秀传统文化是中华民族的独特禀赋和气质,更是思想政治教育中不可或缺的人文基石。审美意识来源于生活,其不能脱离大众文化的滋养,艺术素养作为人综合素质的重要组成,其形成必须依靠丰富的文化、艺术、社会资源来培养,而优秀传统文化恰恰是最富有营养、最容易吸收的精神养料。艺术素养没有了优秀传统文化的供养,其思想意识的教化价值也将失去人文根基,难以让人接受和引发共鸣。正如习近平总书记说的那样,只有优秀传统文化在充分继承的基础上得以创造性转化和创新性发展,才能使得人民思想觉悟、道德水平提高,可见借助优秀文化传承来达到思想政治教育的目的是切实可行的。

最后,模式化、去传统化误区不利于"美"的个性表达和人文精神的满足。模式化所固化的不仅仅是"美"的形式,更制约了人的思想意识的发展,不利于思想的活跃与激荡,人的发展显然难以实现真正的自由。缺少了传统文化的支撑,艺术素养就会失去人文精神的内涵,我国的社会主义建设不能离开人民的合力,而传统文化、民族精神恰恰是凝聚全体人民精神力量的重要载体,民族的团结、社会和谐都离不开优秀传统文化的支持。可见,艺术素养的模式化、去传统化对于思想政治教育而言,不仅损害的是个体层面的个性表达和社会层面的人文意识,进而还会导致个人思想认识的混乱与社会价值观念的弱化,这显然是非常有害的。

第四章 艺术素养的思想政治教育价值

一、艺术素养的人本意义

艺术素养对人的思想意识有着不同层次的影响作用,通过前面的分析我们可以知道,它对于个体、群体乃至社会的思想意识都存在一定的影响价值。要探究其对于思想政治教育的意义,首先应从整体上把握艺术素养对人的影响,揭示艺术素养的"人本"价值,进而明晰其对于思想政治教育的意义所在。艺术素养的人本意义主要表现为审美感知、审美经验、审美能力等方面,这些方面构成了分析艺术素养的思想政治教育价值的基本前提。

(一)艺术素养塑造人的审美感知

第一,艺术素养造就审美感知差异。艺术素养是人类对于艺术的欣赏和理解能力的体现,可以通过自身的艺术知识、技能等累计,对于美的形态、形式、风格、内涵等进行理解和赏析。不论西方还是东方,艺术中蕴含的人文信息和精神内涵都需要被人所理解,理解所产生的结果往往因人而异,即我们通常所说的"一千个人心中有一千个哈姆雷特",这就是人对形式美认知的差异,在各种形式美前,人自身的艺术素养差异将导致对美的理解结果产生差异,所以艺术素养首先造就的就是人对"美"的感知差异。这样的感知差异也必然造就了欣赏美的多视角和空间。

第二,艺术素养改变审美感知。艺术素养可以通过各种形式加以改变和提升,这与人类的学习和适应能力有着直接关系。艺术素养不是与生俱来的,也不是一成不变的,每个人在后天的学习和生活中都会形成一定的意识形态、价值取向、兴趣取向等,在这些"观"的作用下人的精神世界发生改变,其对"美"的观赏也会受到影响。对周身的世界与周遭环境的理解和见识增长,可以改变人对艺术的欣赏能力,使得同一个人在不同的人生阶段所呈现的艺术素养存在差异,他们对同一件艺术品的观赏视角也必然发生改变,就好比一部电视剧,同一个人在不同的年龄看,对于剧中的情节、艺术信息感知必然存在差异。可见艺术素养有其内在的精神属性,精神意识的改变必然也会影响审美感知,人对美的判断、感受和视角等都会发生改变。

第三,艺术素养造就审美感知的"精神纽带"功能。艺术素养是人对"美"的理解和认知能力,"美"是人类在精神世界的深层交流。人只有彼此在相互感知和共鸣中才能实现对美的价值的理解,思想和意识的能动性是人类独有的特性,也可以说人类具备系统的意识、观念交流体系,人通过语言、文字、艺术、情感等途径实现跨越时空的思想、精神交流。在这一过程中思想观念借助不同媒介在人与人之间交流,好比诗歌的传递已经可以横跨几百年一样,通过前世的诗人描述以及后世的观者体验领悟,彼此间实现互动和对话。这其中审美感知便是实现"意识""精神"交流的媒介之一。借助其影响作用的普遍性,艺术素养成为人与人之间实现精神交流的重要方式。如艺术家凭借较高的艺术素养来创造美,观赏者则依托艺术素养可以看到"美"。借助艺术素养的这一中介作用,主体与客体、自我与他人间发生关联。可以说特定的社会意识环境造就了特定的"审美"取向,公众的艺术素养决定其审美感知的结果,积极的审美感知使得公众获得向上、向善的意识,反映出美对于社会的积极作用。

艺术素养还体现了群体思想意识的差异,不同的人文背景下的群体艺术素养也存在差异,人的社会属性决定了在相似环境下会形成相似的思想认识。此类差异使东西方"美"有着不同的发展流传结果,所形成的审美价值观自然也就不同。表面上是文化、宗教、民族的差异,本质是一种意识形态上的差异,艺术素养在其中起到的"精神"作用显然有着重要的地位。好比艺术形式中音乐、舞蹈、建筑等,在各个地区、国家呈现的形式不同,这就是人对"美"的认知差异所造就的,也可以说是不同文化背景、民族背景、社会形式、阶级视域下艺术素养差异所造就的价值观差异。

纵观人类发展历史,不同的历史阶段人类社会形成的"美"的认知和传递的精神信号有着特定的价值取向,如:中华民族的优秀传统文化影响着于我国社会、公众的主流文化,形成了独特的价值取向,更加多样化、传统化的"美"作用于大众的思想意识，成为重要的精神载体，作为发现美的意识基础，艺术素养是人"审美感知"的基础，自然影响着审美感知的社会价值。

（二）艺术素养丰富人的审美经验

第一，艺术素养的形成需要经验积累。艺术素养作为一种人对艺术形式或者作品的欣赏、感知、理解能力，其可以通过艺术经验的累积加以提升。绝大多数人生来都具有通过感官接触各种"美"的形式的能力，但要达到欣赏、感知、理解的高度，即形成自身的艺术素养则需要后天的积累。从艺术的角度看，一件作品形成、发展、创作，都来自于作者在实践中的学习、累积，将自身的精神感悟与实际经验结合，才能创作出令人赏心悦目的作品。"美"的创造过程本身就是一种经验积累的体现与表达，作为艺术素养也同样具备此类属性。人是不断进步和发展的，其周遭的社会、科学、艺术也在不断地发展和进步。艺术素养作为人对于"美"的欣赏能力，自然也必须依靠审美经验累积来不断提升。

在不断的成长中，人始终在自我学习和完善，较之于专业知识和技术的积累，人自身的社会经验、人生经历、价值观的积累过程更具普遍性，人的审美经验不断丰富，对于"美"的认知和理解也在发生改变。最为简单的例子就是，人对于文学作品的理解会随着其知识能力、社会经验的累积而发生改变，从幼儿园到高中，对于同一首古诗词的理解显然存在巨大的差异。从音乐、舞蹈、影视作品上也可以看到人在不同年龄时欣赏能力和理解能力的差异，虽然这个过程或许没有刻意地培养"艺术素养"，但是成长的经验、知识的累积、价值观形成都促进了人对"美"的欣赏、感知、理解能力的提升。

第二，艺术素养的形成需要审美体验。艺术素养作为"美"的感知能力，影响着人的审美体验，形成了对艺术，乃至社会美、自然美的意向性体验。德国哲学家伽达默尔指出，体验和经历不同，体验有着更加突出的互动性，即人与他人和世界相处的本源是一种互动方式，体验与生命、存在具有了同构共生性。因此在"美"的欣赏中，人会和"美"的事物之间形成互动，即体验。例如：艺术作品的传播和创作，较之于一般的科学活动更加凸显的是人与人、人与世界之间的情感交互，科学则侧重于对客观规律进行揭示。因此艺术美在一定程度上超越了客观世界，在主客体、物质和精神之间的交互中形成了一个新的体验。可见审美体验是"人"的感知、经验、情感、经历、思想活动的过程，是全面体验"美"的过程，其中不仅仅形成了"美"的经验，也形成了思想意识的经验，此种经验将影响人的审美价值观乃至世界观、价值观。

第三，艺术素养使得人在美的欣赏中获得审美感动并实现思想境界升华。艺术素养的经验不仅仅集中在感官刺激、情感触动上，更是一种深层次的对美的内涵的体验和感悟，甚至是一种对思想和精神层面的触动。正如雕塑家罗丹所说，"美丽的风景所以使人感动，不是由于它给人以或多或少的舒适感，而是由于它引起人的思想。"[①]如果单纯停留在表象上的形式欣赏或者感动，并不是对"美"的真正欣赏，通过"美"获得感悟，思想获得触动，进而产生思想观念上的共鸣或者改变，才是真正看懂了"美"，并体验到了美给人带来的"愉悦"。只有不断地累积审美经验，才能让人的审美价值观获得提升，进而影响人对世界、社会、人际的关注和看法，改变人的价值观。而艺术素养作为人审美经验的积累表征，也是人获得"美"的触动的主观条件，直观上看，艺术素养是"欣赏"艺术的能力，但是在其汲取并形成审美经验的积累过程中必然会实现思想的升华，在不断观赏、学习、交流"美"的经验后能真正使"人"与"美"在精神体验上产生互动。

（三）艺术素养提高人的审美能力

第一，艺术素养的形成需要审美实践的累积，在反复实践中人的审美能力才能得到提升。例如：通常人们认为艺术家比平常人具备更高的想象力、创造力，其实是因为艺术家具有敏锐的观察力和丰富的情感体验。艺术家所具备的艺术素养越高，对艺术作品乃至其他物体产生情感化、意识化的能力就越强，其精神世界与外部对象之间形成的"审美"与一般人不同，这个审美活动更多的是依靠感官体验、意识对照，是一种综合感知能力的提升，即艺术家借助自身的艺术素养提升、审美经验累积从外物感知中体验到内在的精神意境，艺术家在体验基础上所赋予对象事物的思想和情感正是其进行艺术创作能力的源泉。而创新是一种思想意识激发的发现能力、创造能力的集中体现，是一种人类高级的思想能力和心理活动，是一系列复杂的思想活动的结果。创新需要具备识别能力、变通能力、流畅能力、独创能力、精进能力，上述能力所体现的是人在创造、创新过程中所

---

① （法）罗丹. 罗丹艺术论[M]. 傅雷，译. 北京：人民美术出版社，1978：90.

需要具备的具体能力要素，不同要素代表着创新过程的不同方面。艺术家的审美能力体现就在于其可以借助"美"的素材、经验来完成创新。而普通人则依靠艺术素养来更加理性地看待"美"，借助艺术素养进行规律分析、判断、推理、阐述和传达信息，对事物抽象"美"的意境加以感知，在这一审美实践中人的审美能力在不断提高，其对于"丑"的认知能力自然也在不断提升，在潜移默化中改变着人对于"事物"的认知和评价标准。

第二，艺术素养可以通过促进人思想意识的改变来提升审美能力。艺术修养虽然是人关注艺术美、赏析美的能力体现，其塑造的是人的审美意识、审美标准等，但是不论是在西方还是东方的审美理念中，更加强调的是自身对"美"的判断、感知和领悟，也可以理解为对艺术、社会、自然的审美能力的重视。

例如，我国传统的审美理念中有"虚静"意境。例如，老子所提及的"致虚极，守静笃；万物并作，吾以观复。夫物芸芸，各归其根。归根曰静，静曰复命。复命曰常，知常曰明"[①]。老子认为，道的本源就是要客观地审视外物，达到自我消融的境界，只有这样才能发现万物本源。我国的传统文化和思想意识也受到此类观念的影响。徐复观先生就指出"虚静"本质是摆脱物质束缚，审美的主体就是心境所感知的物质形态、审美形态，达到"虚静"就意味着人已经具备了无限的想象潜能。借助思想上的超脱建构起积极自由的精神世界，为人的全面发展开辟了又一重要方面。

透过现象看本质的观察力和由此及彼的联想力可以帮助人改善思想意识，从而在一定程度上超越现实束缚，拓展创造空间。这是对人思想意识的影响，是一种思想境界的改变，虽然从表面上看是人对"美"的认知能力提升，但是其深层次产生的思想意识的影响则可以改变人对社会、自然的理解和判断，其价值观也就发生了改变。正如思想政治教育所需要达到的目标：改善人的思想意识，拓展其空间和视域，使人在认知上更加深刻，而审美经验的拓展更加契合人对"美"的诉求，在改善和形成良好审美意识的同时，也在客观上帮助人树立起良好的思想意识。借助于思想认识的改变，人对美的认识和理解将更加深刻，从而提升其自身的审美能力。

---

① 赵萍编著.老子[M].长春：吉林大学出版社，2010：29.

反之，艺术素养推动审美能力的提升，也会进一步改善人的思想认识与精神世界。通常而言，艺术素养改变的是人的审美经验、审美感知、审美能力，随着艺术素养的提高，人对外物的观察以及思想意识空间更加广阔，可以更加宏观的、深刻地看待外物，也就可以获得更多的情感、意识触动，最终影响其价值观和行为模式，这呈现的正是"乐"以教人的根本初衷。审美能力对于普通人而言就是其对于"美"的理解和判断能力，更是人思想意识中内含的理解判断能力，是人对于"美善"的认知能力。而在思想意识中如果可以树立并坚持"美善"的标准，则自然可以从摒弃那些"丑恶"的意识，最终净化人自身的思想意识，使之可以符合"美善"的标准，树立正确的世界观、人生观、价值观，引导人的行为模式符合社会和人自身的发展需求。

二、艺术素养与理想信念

理想信念是人发展的重要思想基石，要实现个人、民族与国家的发展，每个人都应当具备远大的理想和坚定的信念。习近平在各界优秀青年代表座谈时强调，"广大青年一定要坚定理想信念。'功崇惟志，业广惟勤'。理想指引人生方向，信念决定事业成败。没有理想信念，就会导致精神上'缺钙'。中国梦是全国各族人民的共同理想，也是青年一代应该牢固树立的远大理想。中国特色社会主义是我们党带领人民历经千辛万苦找到的实现中国梦的正确道路，也是广大青年应该牢固确立的人生信念。"[①]可见理想信念对于青年人的成长有着重要的影响，树立正确的人生理想并坚定成功的信念则对人的发展至关重要。理想信念是人的思想意识发展和行为模式的"指挥者"。艺术素养虽然是人对"美"的认知能力，但其内含的精神属性、意识作用可以使人的思想境界发生改变，通过对"美善"的感知来引导人树立远大的理想，坚定崇高的信念。

（一）艺术素养助力思想境界的提升

艺术素养的形成涉及情感和智力、想象和思考、感官和心理、有意识和无意识等复杂的心理和思想活动。艺术素养的培养过程需要平衡诸多心理、思想机能，

---

① 习近平. 在同各界优秀青年代表座谈时的讲话[EB/OL]. http://politics.people.com.cn/n/2013/0505/c70731-21366048.html.

使人对"美"做出正确的反应，通过潜移默化影响，使积极的审美观改变观赏者的心理结构和思想境界，从而不断提升思想境界。

思想境界是人的思想深度和广度，反映着人看待和理解事物的角度与程度，在很大程度上影响人心理活动和意识活动的结果。艺术素养使人在艺术美和各种美的形式中获得感染和吸引，进而得到关于美的体验，并使人摒弃丑陋。艺术素养的培养以及提升，可以树立人爱美憎丑的意识，不断提升其审美境界。艺术素养可以改变人看待事物的认知水平和能力，从而影响人的思想观念、精神境界，就比如同时欣赏悲剧，两个艺术素养水平不同的人，所体现出的对美的认知和感情共鸣自然也存在差异，从悲剧中能够获得感悟的人思想境界要高于没有从中获得共鸣的人。虽然这只是从一个侧面加以解读，但是在"美"的欣赏中，人的思想境界起到的引发思想共鸣的作用，自然形成"每个人心中都有不同的哈姆雷特"的结果。

从个体思想境界改变看，艺术素养在形成中伴随着经验累积、心理改变、情感变化、思想转变等活动，这些来自于人自身对美的感知和体验，包括美的创造以及美的欣赏，在此过程中，人类自己的感官和心理受到影响，不断提升的艺术素养也在不断提升着人的思想境界。学习和理解艺术美的实践越多，人们的艺术素养越会不断提升，累积的美的感知能力越高，无形中就会推动人审美价值观的升华，就如同对绘画作品的赏析，观赏者的理解能力、审美感知能力提升，思想与画作的共鸣也更加深刻，当观赏者可以欣赏并体悟出更深刻的艺术思想，其思想境界自然要高于那些只能流于表面形式的人。

从群体思想境界改变看，社会是由人构成的，个体思想境界的提升，必然从整体上带动大众素养提升，使之追求的"美"更加高级，其群体的思想境界自然也就向着"美"的方向发展，社会审美价值观就会得到整体提升，公众的审美境界也随之提升，从而起到净化社会精神环境的效果，这样的精神环境显然有利于思想政治教育的开展和成效。艺术素养的普遍提升改变了公众对"美"的要求，促进更多具有思想、有内涵的形式"美"诞生，反过来更具内涵美的艺术作品又会进一步带动社会风气的改善，由此进入一个良性的循环之中，最终所形成的更高级的、更纯净的社会审美价值观和群体思想境界，显然有助于社会精神文明建设。

（二）艺术素养助力理想信念的坚定

理想信念是人价值观的重要体现，一个人如果没有理想信念就缺失了前进的方向和动力，没有了激情和意志，自然难以做出对社会有意义的事情。C.M.布里斯托在《信念的魔力》中指出，"渐渐地，我发现有一条贯穿所有学说的线索，它对那些真诚接受并应用它的人发挥功能，这个线索可以用一个简单的词'信念'来表示，也正是信念这个因素，使得人能够通过精神疗法治愈疾病，使得人能够登上成功阶梯的高处，并能让所有接受它的人获得非凡成就，信念为什么能够创造奇迹却还没有得到满意的解释，但毫无疑问信念具有名副其实的魔力。"[①]理想信念是人的精神支柱，高尚的理想信念指引人自身的价值判断与社会发展保持契合，让人在追求自我发展的同时不危害社会利益。理想信念教育也是思想政治教育的重要内容。理想信念可以激发人发挥巨大的潜力，充满激情和意志来完成某项事业。就如同革命战争年代中国共产党人有着解放全中国，建立社会主义乃至共产主义国家的理想信念，这一理想信念激励着广大共产党人，他们最终领导人民建立了中华人民共和国。

艺术素养的形成和培养是对人精神世界的影响，也是人理想和信念的具象化表达，它造就了人的审美理想和信念，即崇高的审美价值观、审美信念。如果人的审美理想信念是建立在"真善美"的基础上，则可以促进人形成向善、向德的价值观，就可以起到"以美育德"的效果。艺术素养是在美育实践中形成的，其实践源自于生活。审美实践造就艺术素养，这样的过程与社会实践改变思想意识有着共通之处，从本质上看对"美"的认知、实践造就的艺术素养，是对"美"的本质提炼后所形成的意识化结果，它能够使人对"美"的价值形成自觉意识，驱动人按照"美"的规律来坚定"美"的理想信念。思想政治教育也可以从中获益，在"美"的规律造就"美"的价值观的同时，人自然也就对"美德""美行"产生趋向与亲和。

艺术素养助力理想信念的坚定源于两个方面：其一，艺术素养对理想信念的坚定来自于对象本身，即观赏对象往往负载着理想信念，其中创作者的理想信念被映射到作品中，使得自身的审美理想信念具象化，在这一过程中创作者的理想信念也随着创作而愈发坚定。其二，理想信念的坚定来自欣赏者的视角，欣赏美

---

① （美）C.M.布里斯托.信念的魔力[M].秦裕，译.上海：上海人民出版社，1989：5-7.

的事物、艺术品可以影响人的思想意识，如：一些宗教就善于利用音乐、长诗、壁画等来影响受众，使之形成宗教人格和理想信念。具备较高艺术素养的受众可以从"美"中获得思想启迪，获得理想信念的升华，最终坚定自身的理想信念。

艺术素养是动态、发展的审美能力，在不断地培育和提升中人需要汲取诸多美的元素升华精神境界，不断强化自身的理想信念。而在这个过程中人的思想境界也在发生改变，理想信念不仅仅对美的认识产生影响，也通过审美改变着人们的思想观念，进而影响人的意识行为等。如：艺术中所蕴含的理想信念，体现的是特定社会普遍认同的价值观，欣赏和接受者可以从中受到影响进而使自身的理想信念更加的坚定。在战争年代，艺术作品所蕴含的是解放理想和必胜的信念，观众在欣赏艺术作品中会受到鼓舞和影响，从而激发自身为实现解放和革命胜利不断努力的信念。实现中华民族伟大复兴是当代中国人民的共同理想信念，主流艺术中也正蕴含着这样的思想意识，艺术素养帮助人们感知这一理想信念，从而在全社会共筑伟大"中国梦"凝聚起强大的精神力量。

（三）艺术素养助推价值取向的端正

从历史唯物主义的角度看，艺术素养的形成是人类实践活动的产物，马克思认为在资本主义生产方式下，异化劳动使之丧失其本应充分体现的人的本质力量的对象性之美，而变得片面和畸形；过分追求物质财富使人的精神世界变得空虚。他指出，"精神空虚的资产者为他们自己的资本和利润所奴役；律师为他们僵化的法律观念所奴役，这种观点作为独立的力量支配着他；一切有'教养的等级'都为各式各样的地方局限性和片面性所奴役，为他们自己的肉体上和精神上的短视所奴役，为他们的由于接受专门教育和终身从事一个专业而造成的畸形发展所奴役。"[①]马克思敏锐地指出资本主义生产方式下人的劳动异化与片面发展，而这必然导致其审美意识的畸形，进而对其价值取向产生消极影响。

马克思主义美学将"美"理解为知性、德行、审美的统一，指出"美"的认知可以影响人的"知性""德行"，从而影响人的价值取向。正如马克思所认为的那样，在资本主义社会中，人的精神世界被阶级不平等、职业分工所禁锢，从而导致其价值观念与取向变得狭隘，成为资本增值的附庸与工具。就如同在"新冠

---

① （德）马克思，恩格斯. 马克思恩格斯选集：第3卷[M]. 北京：人民出版社，1995：642-643.

疫情"中，美国政府应对策略中所要保护的是统治阶级的利益，通过各种形式误导民众思想认识，忽视民众健康诉求，鼓吹政治阴谋，倡导其所谓"自由"。在大选交接之际，美国政府仍然没有做出任何对普通民众作出任何负责行为，反之，追逐连任成为最大的价值目标，所呈现的资本主义社会价值取向显然是扭曲和畸形的。

由此可见，价值取向对于人的思想意识乃至价值观的形成都有着重要的影响，因此借助美塑造适应社会发展的价值取向，显然对于思想政治教育而言有着重要意义。艺术素养作为美育促进德育的桥梁和纽带，其强调的是与知性、德行的统一，所体现的思想是理性美的价值。艺术素养所具有的人本意义，使之可以影响人对于外物的观感以及思想认识和价值取向。由此不难看出，艺术素养通过对人价值取向的影响能够对思想政治教育起到事半功倍的效果。毕竟塑造道德美、行为美是艺术素养培养的基本目标，也是文明社会所诉求的价值取向。不论是中国梦还是社会主义核心价值观，其所体现的都是在社会主义制度下人民群众的物质和文化诉求。在美育视角下，艺术素养对于人思想意识的正向影响反映在价值取向上同样也是积极的，因此，在全社会层面形成的主流观念与道德风尚自然也是利于社会发展进步的。从思想政治教育的视角下看，人的价值取向符合"美"的标准则意味着人的思想意识、价值诉求是趋于"美"，符合社会发展的价值取向也就可以塑造良好的"美行"。纵观历史，在漫长的人类文明发展中，各个国家和民族的艺术作品无一不蕴含着丰富的民族精神和价值取向。这些思想精髓透过艺术作品的形式，借助于一定的审美素养被人所汲取，进而转化为内在的精神动力，使人的价值取向趋于端正。

三、艺术素养与道德修养

艺术素养作为人的重要素养之一，对于人的思想意识具有积极影响已是学界共识，且从"美善"的角度看，"美"和"善"之间有着天然的联系，自古就存在人对美与德的追求，不论是在何种社会背景下，尽管具体内涵不尽相同，但人对美德本身的追求始终没有改变，在人的思想意识中良好的德行就是一种"美"，可见艺术素养即"美"与道德修养即"善"之间具有密切关联。艺术素养对道德修养的作用主要表现为确立道德目标、培养道德意识、明辨道德价值三个方面。

（一）艺术素养有助于确立道德目标

从孔子到荀子再到蔡元培，从柏拉图到席勒，他们的美育思想、内涵中都体现出"美"对于道德修养、艺术素养的价值肯定。这说明"美"与道德之间存在着紧密关联，首先表现为艺术素养有助于确立道德目标。艺术素养体现的是人对于"美"的认知，所体现的是人对"美"的理解，从这个角度看，不论是农耕时期还是工业革命时期，甚至是今天的信息化时代，"美"是人们对于世界的理解认识的一种表达形式，尽管不同时代"美"的内涵各不相同，但美与善间的密切联系却是始终存在的，"美德"是人对道德的积极评价，因此在人的思想意识中，高尚的道德修养可以用"美"来评价，而艺术素养培育目标也自然会指向道德层面，这一思想在"礼乐"和美育思想中皆有体现。

例如，农耕时期人所追求的是人与自我、人与他人、人与自然之间的和谐，体现的是优美和宁静的艺术特质，这一时期的人受到这种审美意识的影响，形成了相对朴素的社会认知和道德意识，他们向往和谐的人际、社会关系，道德意识自然也崇尚"和谐"。孔子、柏拉图都期望借助"美"来熏陶和养成高尚的情操，他们对情操的认知也已经上升到"德"的高度，艺术素养在孔子、柏拉图时代就已经与道德修养产生了内在的关联，"自然美和伦理善仍然有着亲缘关系，只是这种关系比较间接，比较隐晦罢了"[1]。可见，"美""善"之间的关系自古有之，有着悠久的历史传承，并为今天的教育体系所共识。

进入近代，工业革命使得社会迅速发展，多样化的社会诉求进入人的意识，在社会裂变、激荡、冲突中，人对道德诉求则更加迫切。席勒、蔡元培等人意识到美育的重要价值，"以美育德"的理论和实践逐渐被接受，并成为完整的理论体系。在工业社会背景下，人对于"美"、对于"德"的诉求不仅没有减弱，反而更加迫切，许多思想家都指出艺术在工业社会中具有影响和塑造人高尚情操的鲜明特质，艺术素养必须与道德相互关联，这突出了艺术素养的道德背景。工业时代不论何种形式美都在通过特定的表达方式传递某种意识形态，其中蕴含着丰富的道德伦理内涵。例如：艺术作品所体现的往往是积极向上的道德诉求，哪怕是"恐怖片"，所传递的也是正邪意识的纠缠，最终往往是邪不胜正，这简单的邪不胜正也恰恰是基于社会道德诉求中存在的正邪之争、正邪判断。现代工业社

---
[1] 陈望衡. 审美伦理学引论[M]. 武汉：武汉大学出版社，2007：71-75.

会中，艺术素养与道德伦理的关系变得更为紧密，艺术素养对于工业文明下的道德滑坡现象的解释具有十分重要的意义和价值。

从思想政治教育的视角看，任何社会都需要有系统的道德伦理规范，并将其突出作用于社会整体，多数人对于道德的标准与诉求是建立在普遍的社会行为、社会意识基础上。艺术素养同样也是如此，其基本目标取向同样以社会主流观念为标准。艺术素养除了体现在人对"美"的认识和理解外，其行为美也是重要的表现，它实现了行为美，自然也就达到了"美德"的效果，因此艺术素养的养成便有助于个体确立其道德目标。此时艺术素养体现的是人对于艺术精神内涵的感知能力，也是道德意识的感知能力，例如：观赏艺术作品时，其中蕴含的道德内涵将被人感知和关注，人的艺术审美价值观也符合社会价值标准、道德标准，这样的"欣赏"结果自然被大众认同。艺术素养与道德之间的桥梁是美的教化，艺术素养从孔子的"六艺教化"到蔡元培的以美育代宗教，再到今天的"以美育德"，都是建立在艺术素养的道德背景上而展开的，艺术素养对人们确立某种道德目标的积极作用是不容忽视的。

（二）艺术素养有助于培养道德意识

艺术素养对人们道德意识的培养主要还是通过二者共同蕴含的情感中介而实现的。在道德意识的养成中，情感因素起着重要作用。诸多研究表明，认知推理和情感在道德判断、道德决策、道德行为中有着重要的作用，道德也包括认知、推理、情感的基本要素，而这与艺术素养的情感属性存在明显的契合。艺术素养的形成在于人对艺术的认知、对艺术作品的情感共鸣，二者体现的"情感"属性显然存在交集。既然"美"可以影响人的情感，自然也可以通过情感对人的道德意识产生影响。随着各个学科的发展，关于美育对人的影响机理的认识也在不断深化和拓展，其中意识、情感、心理的影响价值被挖掘，美育如何"育德"的原理也逐渐被揭示。诸多研究视角都证明，审美感知对于美育、道德修养培养具有重要价值，这就解释了艺术素养对道德的影响机理。美育必须具备突出的道德背景才能更好地对人的情感、心理、思想产生影响，塑造人的思想境界，使之满足社会对人德行的诉求。

艺术素养是美与道德之间的意识桥梁。美通过艺术表达的是社会意识、人文意识，不论是何种社会状态，艺术始终通过审美表达不断地为人营造着精神世界。

艺术从古至今都是人类精神文明的重要构成，是人对社会发展、自我发展诉求的美的表达。艺术也体现出人对于自我意识、群体意识、社会意识发展的追求与渴望，往往是一种意识的集中体现。艺术素养则让这种道德意识更加情感化、智慧化，使人在情感的作用下培养起特定的道德意识。

道德意识与审美价值的"美善"关系，也被蕴含在艺术作品中，间接地说明艺术具备审美属性也蕴含道德意识。艺术素养作为判断和理解、认识和感知艺术与美的能力，内在包含着特定的道德意识。人在观赏艺术时会因为"美"的形式而获得情感共鸣，自身的道德意识乃至德行会受到间接影响。就比如喜剧，赞美喜剧使用笑声，歌颂赞美正面人物和肯定的力量，通过对正面人物非本质的"丑"的调侃揶揄，表扬生活中美好的东西，显示理想主义价值。虽然在喜剧中存在"丑"的形象，但这却是对"美"的反面衬托，借助艺术素养对其"审美价值"的欣赏和理解，观众可以获得道德价值的感召，既尊重正面人物，也在道德意识上获得情感共鸣。例如，电影《天下无贼》所演绎的是一群"贼"与傻根之间的较量，在其中有丑恶的贼老大以及相关的"群贼"，他们所代表的是生活中的罪恶形象，是不顾一切的谋利者，群贼所映射的自然是生活中不道德的意识和行为，对立于社会良知和道德。其中也树立了改邪归正的"贼"的形象，所映射的是对自身行为有所悔悟的形象，这一形象游走在正邪之间，其代表的是人对浪子回头的态度，改邪归正者不断地树立自身的好人的形象，并追求"精神"上的解脱。而其中傻根的形象则代表坚持道德准则和底线的人，傻根执着且笨拙，从形象到行为呈现的是某种外在的"丑"；但是在这场电影中，观众可以明确地判定群贼的恶与傻根的善，由此强烈地烘托和呈现了傻根内在的"美"。在欣赏电影的过程中，观众在其艺术素养的作用下，在笑声中反思、在欣赏中感动，进一步强化了自身惩恶扬善的道德意识。

（三）艺术素养有助于明辨道德价值

艺术素养突出的道德价值还体现在对道德价值的明辨上，明辨道德价值是在一定的道德体验和道德情感的基础上实现的。艺术素养的形成过程会带动人的移情以及道德体验，其过程就是"美善"关系互构与互融。美育中艺术素养在形成和发展的过程，必然会经历审美联想、想象、回忆、心理模仿等意识过程，体验美育素材中蕴含的情感和意识，由此才能形成自身良好的审美情感、道德情感。

道德价值的辨析也是一种心理机制，心理学家霍夫曼指出，道德是一种"亲社会动机"，是在社会关系中体现出的良好情感诉求和行为。移情会强化个人良好的道德价值观，使得人对不良的行为产生愤怒、责备、内疚等情感，促使其追求正义、公平。从这个角度看，艺术素养具有促发移情的特征和功能，作为艺术感知的能力和理解能力，艺术素养有助于提升人的共情、移情能力，从而帮助人明辨道德价值，因为"具有较高道德移情水平的个体，往往具有较强烈的道德敏感性，有较高的观点采择水平和角色扮演能力。这就使得个体的道德动机最终能够处于主导地位而做出正确的道德抉择，使得个体可能将道德动机转化为道德行为"[1]。以此可见，艺术素养借助于情感体验，可以更好地让人具备道德移情的能力，进而增强道德辨析力与判断力。

艺术素养的道德价值辨别力的作用机理还在于对道德智慧的影响。郭颖研究指出智慧有两种内涵，一是静态的认知结构体现，是逻辑、技术等综合而成的静态智能力；二是动态的思维活动过程，是一种对智慧的应用，泛指智谋创造，即借助基础技能灵活应用。可见智慧必须通过自我修行获得，并加以运用才能体现其价值，动静结合才能彰显智慧。艺术素养也是如此，如果单纯地具备艺术认知与艺术表达能力，这显然不能说是具备良好的艺术素养，只有将艺术素养运用到艺术观赏、思维启迪中才能真正体现艺术素养的价值。道德也不能仅仅是道德意识、道德标准，人们只有具备道德智谋和创造，才能体现道德的价值。道德智慧在生活中无处不在，老子在道德经中就说过"上善若水，水善利万物而不争"，这样的思想境界也是当代我们所应借鉴和吸纳的。再如，在人际交往中"不提他人落魄事"的思想，也体现了道德智慧。由此可见，道德智慧不仅仅能够帮助人们辨别是非、善恶，更能指引人们如何去"行为"。和教育家相似的是，艺术家在创作中也不断地将道德智慧融入艺术作品中，体现艺术来源于生活，又高于生活的实践价值，以教化民众。作为美育的重要目标，艺术素养具有突出的道德智慧感知和培育价值，艺术素养的提升可以使人更好地认识到艺术作品中的道德智慧闪光点，进而使人在获得艺术愉悦的同时感知和学习道德智慧并付诸实践，从而将道德情感与道德体验一道结合起来，共同提升道德判断力与辨析力。

---

[1] 乔建中.情绪研究：理论与方法[M].江苏：南京师范大学出版社，2003：252.

四、艺术素养与人格修为

人格是个体内在多重素质的综合呈现，是一个相对稳定的组织结构，在不同的经历和环境下，个体的人格特征存在差异，同时人格养成也受个体内在思想认识的影响。人格是人通过其行为模式而表现的心理特征，是其内在思想意识的外在表现。人格有多重特征组成，通常人格是相对稳定的，在个体上呈现的人格在特定时间和环境下是相对稳定的；但是并不能由此认为人格是一成不变的，在人的心理、意识被改变的状态下，人格会发生改变。人格是社会文化、身心、自然等多重因素共同影响而形成的，其中艺术素养便是一个重要因素。

（一）艺术素养可以激励人的自尊

自尊亦称"自尊心""自尊感"，是个人基于自我评价产生和形成的一种自重、自爱、自我尊重，并希望受到他人、集体和社会尊重的情感体验。"自尊是人格自我调节结构心理成分。自尊有强弱之分，过强则成虚荣心，过弱则变成自卑"[1]。作为人的心理意识，自尊也是人格构成的重要内容之一。根据不同标准和角度，自尊的构成有多种划分，如成功与抱负之间的比较；自我抱负与社会尊重之间的累积；自尊的需要（成就、优势、名誉、赞赏欲等），其要素包括归属感、成就感、安全感等；从其产生根源看自尊，可知它主要源自于社会比较，自尊是通过社会比较形成，每个人都有了解自己的需要，都需要知道自己在组织和社会中所处的位置，从而体会自身的价值；自尊来自于知耻。通过上述诸多观点可知，自尊本身，就是人的一种比较性心理暗示，即人在自我视角看待自身的环境、遭遇、成就、获得等并加以对照比较，自我满足感高则自尊程度也高，自我满足感不佳自尊感也就变弱。不难看出，自尊的形成是外部条件和心理意识相互作用而形成的，这一过程会受到人自身修养层次的影响。简单而言，人通过学习某项技能可以提升自身解决问题、应对变化的能力，自然也就会在这个领域获得认同感和"尊重"，这样人们对这一领域具有更多的兴趣，也愿意投入更多的精力，从而进一步激发进取心。当然自尊的形成不能简单而论，其往往受到多种因素的影响，一些因素激励自尊，一些因素也削弱自尊。

---

[1] 林崇德，杨治良，黄希庭主编. 心理学大辞典[M]. 上海：上海教育出版社，2003：1783.

艺术素养同样通过比较而使人获得自我认同，激发人的自尊心。艺术素养可以帮助人从欣赏中获得精神启迪，也可以体现个体与他人不同的审美视角、审美感知力，此时人就会在意识中进行比较，进而在比较中激发自尊。好比一个喜剧演员借助一段古代故事而形成"包袱"，懂得其内涵的人自然发笑，而不懂的人则"一脸迷茫"，此时知识储备、艺术素养的积累所造成的审美体验差异不言而喻，得知其中缘故的人自然也就会产生比较性心理优势，进而激起自尊心。

从思想政治教育的视角看，自尊是一种良性的思想意识。而艺术素养的提升可以让人获得更高的自我心理认同。不论是艺术美、自然美、社会美，其往往都蕴含着不同的思想内涵，借助艺术素养人们能够透过外在的形式美进一步体悟内在的内涵美，从而获得感染、熏陶与激励。比如：从古至今，各种"艺术"都有着特有的感染力和影响力，艺术体系所形成的规律以及内涵往往都承载着人类智慧的结晶，艺术素养可以帮助人从"艺术"中获得鼓励和激励，乃至知识、智慧，尤其是在社会群体中，个体的艺术素养提高，可以使其在"艺术"中获得更多的触动，实现对自我的肯定和对他人的认同，进而激励自尊的形成与发展。

（二）艺术素养可以增强人的自信

自信是心理名词，也是一种人格因素。通常而言自信是一种对自身能力的自我评估，是人对自我能力与外界环境改变的适应能力的评价，即自信描述的是人在社会适应中的一种心境，是人尝试用自己已有的经验去把握外在世界时的积极肯定的自我评价心理。由此可见，人的自信来自对自身能力的自我肯定，如果一个人的能力越强，其自信心自然也就会越高。人在社会中始终在不断学习和完善自我，这个过程既包括有意识的自主学习过程，也包括通过社会经验、社会阅历积累所形成的潜移默化的影响与改变。就好比在工作中持续完成某项活动，或者在某个领域工作多年，自然对于整个工作或者领域有着强大的自信。这个过程不是一下子就完成的，而是在不断的积累中得以实现。所谓不积跬步无以至千里，行至千里之外的人比在始终停在原点的人更有自信的理由。自信可以在经验累积中获得提升，艺术素养的形成本身也是一个不断发展的过程，人在不同的年龄、阅历下看到同一件艺术品，感悟会发生改变，所体验的艺术情感也会发生改变，这样的改变会让人体验到自我能效的提升，自然也就能增强人的自信。

从自信心理状态看,自信不完全来自成功,成功虽然可以帮助人获得自信,但是自信形成的来源却是多样的,而且有自信不一定会成功,成功也不是增强自信的唯一途径。就好比在科学实验中,诸多失败才能换来成功,而在失败中实验者往往也在一定意义上积累自信,并形成必然成功的心理暗示。这样的过程显然与艺术素养的积累相似,艺术素养并非必须通过学习艺术知识、艺术技能而获得,简单的观赏、了解、感悟、学习也会提升艺术素养,懂得欣赏是具备"能力"的体现,懂得"美"的精髓,也在潜移默化地影响人的心境。央视出品的《中国诗词大会》,优秀的参赛选手中不仅有就读于高校的知识青年,还有生活在社会基层的劳动人民,他们中有把所有业余时间都交给诗词的外卖员,有每天爬楼几十层的、用诗词自我激烈的修表师傅等。他们虽然没有优良的学习资源,但优秀传统文化的内涵丰富了他们的精神涵养,使之无论身在何处,仍然能够绽放人生的绚丽色彩。这种艺术层面的追求与发展使得形形色色的普通大众可以获得情感上的自信,借助其对于诗词美的喜爱和掌握,可以推动其自信心的发展,促使其在社会中获得前进的动力,形成积极的世界观,从而勇敢面对生活中的困难并取得成功。

艺术素养不仅仅可以改变人对"美"的看法,也可以改变人的审美价值观,进而影响人的世界观。"美"的心境让人可以重新看待周遭的事物,改变人对社会、自然、人际关系等的看法,使个体更好地适应环境,提升自我控制、自我发展的能力,提高对自我效能的评价,从而增强自信心。自信心能够对人的思想和认识产生积极影响,使人可以更加理性地看待社会发展、社会关系,更好地评价与审视自我的发展空间和能力。而人审美价值观的改变,可以提高其思想意识与认知层次,提高其欣赏鉴赏能力,就好比是站在"巨人"的肩膀上欣赏美、观察社会,人自然也就更加自信,而此时其思想认识也必然有所改善,人们在不知不觉中就提升了自身的境界和层次。

(三)艺术素养可以促进人的自立

自立虽然不是心理学专属名称,但是在人格中也是十分重要的元素之一。自立表现的是人有自我控制、自我发展的能力,可以独自面对环境的改变,借助自身的力量获得生存空间。通常而言我们所谈及的自立主要是指能够独立生活,以及具有自我主见。独立生活是指人在生活中具备一定的生活常识以及能力，可以独自处理生活中的琐事。自我主见则是指人依靠自身的经验和能力，作出不受其他人影响的选择。从思想政治教育的视角看，自立需要人具备自我主见而非盲从其他人，从自身的经验累积、价值观、思想认识出发，判断事物的优劣、思想的性质，做出自己的评价和判断，使其价值判断与行为选择符合自身和社会发展需求。自立是人全面发展不可缺少的重要人格素质，如果没有自立，人就会盲从于诸多观点和偏见，就容易形成摇摆不定的人格特征，如果失去了自立，在遇到环境改变或者挫折、打击的时候人就会难以作出自己的判断而随波逐流，这对人的发展与成长是非常不利的。

人在欣赏艺术作品过程中，也会不自觉地形成自我意识和自我感知，任何一个人在"艺术美"中都会形成不同的体验和感受，即艺术素养的差异造就了不同的审美体验。审美体验具有极强的个体性和差异性，任何人都无法代替他人获得对美的感知。由此可见，审美过程需要具有一定的自立意识和能力，这种自立是艺术素养形成审美感知上的"自立"，每个人必须从自己的经验、情感出发来欣赏美，感知美的价值，这个经验是无法替代和传授的。即使是盲从于某位"大家"，但是这并不代表在这个过程中没有艺术素养、审美意识的参与，自然也就有着自立的意识参与。

反之，艺术素养可以让人独立欣赏和理解"美"，自然也有助于增强人的自立意识。在艺术感知和鉴赏能力的提升中，人无法获得手把手的经验传递，必须通过自己的感官来发现和体验。人们需要用自己的眼睛和心灵欣赏美，在这个过程中只有自己感知到的美才更加真实，别人告知的"美"往往不一定是自己认为的"美"，也不会从中获得愉悦，只有自立心境下发现的"美"，才能触动人的思想意识，使人获得精神的愉悦与思想的升华。因此，人需要具备更加独立的思考和判断能力，更加自主的思维模式，才能从"美"中获得感触，获得"美"所带来的情感体验。思想意识的独立使得人可以更好地判断美丑并在不断地思考中进一步提升思想认识，培养独立、客观、审慎的能力是思想政治教育的应有之义，而这些能力的获得也有赖于独立的自我意识。可见，自立在人格结构中具有十分重要的意义，而艺术素养对于促进人的自立无疑也是大有裨益的。

（四）艺术素养可以助力人的自强

自强是人自我发展中不可缺少的人格要素，是一种精神上自我发展的强烈愿望。现代语境下自强包括了自我发展、自我提升、自我向上的内涵，而艺术素养更加倾向于自我发展层面的自强。不论是自我向上或者自我发展都是人自主意识的养成。自强可以看做是一种精神或者品德，个体在社会生活中体现自我能力和价值的重要支撑就是精神上的自强，可以成为成长和发展的重要精神动力。自强是自爱、自信基础上所形成的自我发展的意识，是一种积极的态度，可以帮助人克服困难和不良情绪，人树立自强的信念能够扭转软弱、消沉的态势。艺术具有强烈的对思想意识、精神境界的影响能力，任何艺术作品所呈现的价值不仅仅集中在表象上，还集中在更深层的精神价值上。艺术作品中也蕴含着人对于自我发展、自我实现的价值追求，不论是何种艺术作品，哪怕是服饰艺术中也蕴含着某种精神的元素，就比如民族文化被赋予到民族艺术中，其蕴含的精神意境往往是人对自然、对生命的深刻认识，能够让人振奋，让人产生自强的意识。

艺术素养是人在欣赏和鉴赏美的过程中形成的审美意识，对于"艺术美"的理解力有着促进效果。人的艺术素养提升了，人自然也就具有更高的审美能力，对于"美"的内涵理解必然提升，人就可以获得更多关于美的认知信息，更好地受到艺术的熏陶并逐步形成自我发展的动力，从而逐渐形成自强的意识。艺术素养可以让人理解到更多、更丰富的"美"，体验更多艺术美中蕴含的人格内涵、价值观等，观赏者会不自觉地获得审美满足感、审美愉悦感、审美自信感，形成自己对"美"的判断和认知结果，这便有助于其摆脱外部意识、思想的束缚，在审美感知上先行独立，带动其他自我意识的自主，在无形中促进其自强意识的形成。

艺术素养也可以由内而外地促进人自强，归根结底，自强是一种自我发展、要促进自强的形成，人独立认知的意识。自强首先应当具备的是思想认识基础，人认为自身可以通过努力，独立处理各种问题，借助这样的意识人才能主动地学习各种技能、知识等，最终促进自强的形成。自强不是简单的口号，而是要通过实践获得自我发展能力，以及独立自主的能力，这样的自强才有价值，有意义。自强是人获得自我发展，实现自我提高的重要人格因素，思想政治教育中也不乏对人自强意识的培养。自强的形成依靠多种动力，其本身的发展意识、独立意识则是最为重要的思想基础，艺术素养的形成就是典型的自我意识养成和发展，因此它对自强有着独特的促进作用，自然也就可以帮助人的思想认识发生转变，达到思想政治教育激发人自强意识的目标。

艺术素养所积淀的是人对"美"感知的能力，在艺术素养的提升中，人不仅仅获得的是审美能力的改变，自身的审美价值观、社会观、道德观，乃至个体的行为模式也在发生着改变。艺术素养不应被单纯地看作是艺术能力的提升，而应将其看作综合审美素养的提升。简言之，艺术素养的提升包括学识、技术、思想认知、道德意识等多重方面。艺术素养不仅改变了人对于艺术本身的看法，也在影响人对社会的感知和看法，艺术素养提升会改变人的价值观、道德观，也会对人格发展走向产生影响，具备较高艺术素养的人，可以看到更多"艺术美"以外的因素，在自身人格魅力、道德水准提高的同时，自强的意识也就更加强烈，进而付诸行动奋发图强。此时人的思想意识就与社会发展需求相契合，符合社会发展期望，反过来这也可以帮助人更加自信乃至自强，毕竟人的意识与社会发展相符，其各种思想、行为、标准、价值观等都将与社会发展契合，自然就可以获得社会发展的助力，而实现自我发展、自我价值，人本身也可以变得更加自强。因此艺术素养是能够助力人实现自强的。

第五章　提升艺术素养思想政治教育价值的多维路径

一、提升艺术素养思想政治教育价值的家庭路径

人成长的过程和环境十分复杂，但是其起点在于家庭，进入学校前主要的成长时间和空间依赖于家庭环境。通过前面的论述不难发现艺术素养对于人格、思想的影响十分重要，而人格的形成不能脱离环境的影响。家庭作为人成长的第一环境，在青少年时期的思想政治教育中显然有着重要作用。如果可以在家庭环境中依靠儿童对"美"的天性来培育其良好的艺术素养，则可以在家庭中"未雨绸缪"地达到思想政治教育效果。家长可以通过家庭环境的引导培育青少年的良好艺术素养，同时，也促使其形成良好的习惯和高尚的人格。

（一）家庭艺术素养培养的"人格"需求

家庭是人接触的第一个"世界"，是人生的起点也是教育的初始之地，每一个人的学习都是从家庭开始的，影响人思想意识的第一个教育阵地自然也就是家庭。在人的孩提时代，不论是语言、行为、意识、审美，都可以被家庭教育和环境所影响，使人们形成特有的思维模式，也可以理解为人格、价值观的形成都与家庭有着密切关系，艺术素养的培养同样也不能忽视家庭的重要作用。

家庭艺术素养培养对人的全面发展特别是良好人格的养成起着先导作用。马克思认为艺术是把握世界的重要方式之一，儿童在成长的过程中也离不开艺术教育。形象思维占据主导的艺术培养，对于逻辑、语言仍没有充分发展起来的儿童来说，是最为直接的表达和交流方式，这与儿童的生理和心理特征直接相关。儿童可以通过简单的艺术形式来表达自己的情绪和思想，这使得艺术素养的培养要

早于逻辑思维、语言系统的教育，良好的艺术熏陶和素养培养可以让儿童具备更好的交流能力和表达能力，因此在儿童成长阶段，艺术素养的培养是不容忽视的重要教育内容。

挪威音乐家罗尔·布约克沃尔提出了"缪斯本性"的观点，主要指出儿童具备艺术本性，与生俱来的艺术灵性和能力在孩提时代被赋予人类。他进一步指出"缪斯本性"代表了艺术通感和即兴创作。艺术通感是一种感觉的挪移，是不同感官之间的相互联系，是艺术素养的重要组成，就如同在欣赏诗歌时自动将看到的文字和听到的声音在脑海中形成画面一样，比如诗歌中描述的"霜叶红于二月花"就可以转变为"视觉"体验。儿童的艺术通感在没有特定逻辑的束缚下更加自由，如某幼儿园老师要求5岁、6岁的儿童用绘画描述小提琴音乐，幼儿的艺术通感就成为儿童表达情绪、情感的重要途径，此时小提琴中就会飞出多彩的糖葫芦、各色叶子、花朵、彩色的列车等等。可见，儿童对于艺术的体验是开放的、自由的，较之于成人，儿童艺术素养培养更加容易被接纳、感受、积累，形成的艺术感知能力以及判断也更加纯粹、自由、开放。在艺术培养、艺术素养培养中儿童也能够更好地发挥"缪斯本性"，将多种艺术融合起来，打破肢体、语言、音乐、绘画、文学、舞蹈等艺术界限，且将之融合得相当自然。

另外，儿童也具备一定的即兴创作能力。儿童的想象力更加丰富和纯粹，借助艺术通感能力，儿童可以将更多的艺术形式、艺术元素等结合起来，从而开拓更加广阔的创作空间，达到自我思想和意识的自由。借助艺术教育满足儿童的创作和表现欲望，可以使其获得更加广阔的思想空间，提升儿童对其他艺术、知识的学习能力和创造能力。这种通感能够激发跨领域的创造力，在人类的科技发展史中也十分常见，有许多影响人类发展的发明都来自于超出常人的想象，这也可以解释为什么很多艺术家也是科学家，很多科学家都具备较高的艺术素养。可见儿童成长不能离开艺术教育，艺术素养培育可以使儿童具备更加广阔和自由的思想空间，并在今后的发展中获得突出和丰富的创造能力，为思维、创造力发展及良好人格的养成打下基础。

家庭艺术素养培养的客观需求也是审美教育、道德修养培养的需求。今天美育、道德修养培养已经贯穿人的成长过程，儿童时期的美育和道德修养培育也成为社会教育的重要基础和需求。邓小平明确指出"思想品德从娃娃抓起"，他始终认为教育必须从儿童开始，不论是何种教育内容都应重视对儿童的影响和塑造，所以审美教育、道德教育也应从儿童开始。对儿童来说，艺术素养的培育也是最为直接有效的思想政治教育方式，从儿童心理、生理和意识特征看，儿童的"缪斯本性"使之更容易被艺术所感染，艺术素养的培育可以借助其潜在的影响，为儿童打下美育、道德修养基础，让儿童认知"真善美"。张奇在研究中指出，从儿童到青年的成长过程，他们的审美能力不断改变，这个过程有四个明显阶段，第一，2—3 岁，儿童开始体现欣赏冲动；第二，4—6 岁，儿童开始萌发审美偏爱、欣赏等心理活动；第三，7—13 岁小学生时期，艺术欣赏能力增长，但是艺术欣赏能力仍然停留在自然、生活美以及一般事物美的层面，其中 10—13 岁的儿童开始出现艺术欣赏的萌芽；第四，13—19 岁的中学时期，审美欣赏变为艺术欣赏，可以对各种艺术形式进行感知和领悟。可见审美、艺术欣赏的感知从幼儿时期就已经开始，虽然只有到了少年、青年时代才能被称之为艺术欣赏能力，但是不容忽视的是幼儿、儿童阶段，人就已经开始主动地识别和表现"美"，即审美、艺术表达是存在于儿童成长阶段的，因此艺术素养的培养在儿童成长过程中，不能简单地用年龄划定，而应贯穿儿童成长的全过程。此时家庭作为儿童接受教育的第一环境，教育儿童认识"美"，甚至是美育和道德修养的培养也必须从此开始，这顺应了人审美感知、艺术欣赏能力的自然发展规律，"从娃娃抓起"对于艺术素养培养而言也是行之有效的，更是社会美育和道德修养培养的基本需求。这对于其今后的健康成长、积极思想观念与良好人格的塑造养成具有十分重要的意义。

（二）提升艺术素养思想政治教育价值的家庭目标

提升艺术素养思想政治价值应当从家庭环境和教育入手，并将视角集中在儿童成长阶段，人一旦进入高中或者大学阶段，自我意识就已经形成并逐渐定型，人对审美、艺术的自我认知也逐步形成，家庭、学校、社会成为共同存在于人周遭的教育环境，家庭影响的效果也随之降低。在此背景下，提升艺术素养思想政治教育的家庭目标包括以下几个方面：

第一，契合人的成长发育阶段，培养"美"的感知能力，打好"美德"基础。通过儿童审美特征的分析以及儿童审美意识发展阶段的研究成果，不难发现儿童从 2 岁开始就已经萌发了对"美"的感知能力和表达冲动，艺术素养的培养也必须从"美"的感知开始,儿童对"美"的感知是艺术素养形成的重要起点。家庭环境和生活必然存在许多具有审美感知的素材,家庭审美意识培养是日常化和生活化的。家庭教育可以从审美经验、审美感知开始,毕竟儿童的逻辑能力和语言表达能力发展相比于"美"感知能力滞后,儿童比成人具备更强的"美"的感知能力,此时生活中的"美"就可以影响儿童对"美"的认识和感知,如果家庭中有意识地对儿童进行"美"的教育或者引导,自然也就起到了艺术素养培养的作用。

"人之初,性本善",在一定程度上说明了家庭教育的可能性和家庭艺术素养培养具有的内在思想政治教育价值,它可以影响儿童的审美意识、思想意识,对于美育、道德修养启蒙有着重要的现实意义。在艺术素养培养中,家庭应当承担起美的直观感知教育任务,借助自然、生活、艺术形式等来让孩子从线条、颜色、声音、色彩等开始,逐步对乐曲、绘画作品等进行审美感知,提高审美知觉的敏锐性、细致性、灵活性、完整性,让孩子获得一定的审美经验。这种审美经验的积累会影响儿童审美价值观的形成,也在潜移默化地影响儿童的思想意识,对诸多美好事物的感知和理解可以帮助儿童获得良好的审美价值观,乃至思想意识的改变。

第二,形成基本审美素养,在思想意识中养成良好的情操。家长可以在日常生活中,积极拓展孩子的审美兴趣和能力,将如何观察和理解"美"作为艺术素养培育的核心内容,更可以在兴趣的基础上使孩子进一步感知"美"的形式、"美"的形象、"美"的内涵,借助艺术欣赏兴趣和能力的提升,让孩子尽早地走进"美"的世界,塑造"美"的意识,养成"美"的品格。通过对"美"的兴趣和理解能力的提升,拓展孩子的视野以及欣赏能力,影响其审美价值观,进而塑造孩子高尚的情操。这种培养是一种正向的科学的干预手段,能够帮助儿童提升"美"的辨识能力、欣赏能力。由此可见,培养孩子的审美兴趣和能力是家庭干预儿童乃至青少年艺术素养形成的基本任务,更多地接触美好事物,就会形成更加高尚的审美趣味,可以提升家庭艺术素养、思想意识培养的效果。

第三,积极培养孩子创造美的能力,促进人格完善。"美"的感知和欣赏是艺术素养的起步阶段,艺术素养培养还应重视人对于"美"的创造和表达能力。借助"美"的规律来进行艺术创作,甚至哪怕只是在生活中美化环境,这都是一种善意的"美"的创作过程。家庭是人成长的重要环境，不论是孩提时代抑或是成人阶段，人始终不能脱离家庭而独立存在，因此在家庭氛围中，应当特别重视创造美的能力培养。在借助自身对"美"的认知来创造美的过程中，孩子自然就获得了审美境界的升华，从而更好地塑造美善的人格意识。

如：生活中的整洁之美，就可以促使孩子主动去整理房间、布置房间，何尝不是一种孩子对"美"的体验和养成审美意识的过程。这种"美"的创作在家庭氛围中可以说与艺术无关，更不是绘画、写作、歌唱等艺术形式，而是"美"与生活的结合，是思想意识与"美"在生活中的现实亲和，虽然这一"美"的创造只是在生活中体现，但是其对于孩子的思想意识影响确是切实存在的，如果可以养成整理、整洁的习惯，此时孩子对于"美"的认知必然发生改变，而此时其行为、意识也必然发生改变。按照天性来看，人都是艺术家，他无论在什么地方，总能希望把"美"带入到生活中。营造美的能力人皆有之，因此在生活中、家庭中体现艺术素养思想政治教育价值的方式就是引导孩子创造生活美，养成行为美、塑造人格美。

（三）提升艺术素养思想政治教育价值的家庭路径

要使家庭艺术素养培养更加生活化，提升其思想政治教育价值就必须从家庭的语言环境、生活环境、精神环境、艺术熏陶等方面入手，借助环境营造艺术教育的氛围，身体力行的构建家庭和谐环境，提升艺术素养思想政治教育价值的家庭路径。

首先，保持家庭物质生活环境、精神环境的"美"，是为了更好地营造思想政治教育的氛围，家庭环境的"美"不是单纯依托于物质上的高规格、高品位，而是源自于生活环境中的和谐美。整洁、舒适是生活美的一种体现，如果在家庭环境中能做到整洁大方、和谐适用，就是在营造生活中的"美"。艺术"美"则是在生活"美"的基础上适当引入艺术的元素，借助积极向上的艺术作品，为家庭营造更好的生活氛围，使孩子能更好地体验到艺术"美"的存在。

家庭"精神环境"的审美营造也十分重要，作为孩子教育的启蒙者，父母的言行和审美价值观潜移默化地影响着孩子，包括艺术素养的培养、思想意识的形成、人格修为的塑造等。儿童德行"美"的形成离不开父母对其的影响。美学家蒋勋认为母亲为他编织新毛衣的这一过程也是一次美术的创作。他获得正确的审美意识和认知离不开母亲经常带他去认识自然界中的花草、山川美景的经历。可见，家庭环境培养艺术素养的重要因素是父母的思想认识、价值观念、审美境界，而不仅仅是简单对艺术技巧的追求。虽然不是每个父母都具备较高的"美育"能力，但是积极向上的生活追求，关注美好的生活态度，和谐友善的生活作风，可以帮助孩子形成思想"美"，这也是艺术素养培养提升思想政治教育价值的重要基础之一。

其次，家庭培养应重视形式和内涵相结合。孔子主张对人进行"礼乐"教化，强调"乐"之"礼"效，认为"琴棋书画"可以帮助人塑造高尚的情操和艺术修为。现如今，"琴棋书画"的含义变得更加宽泛，可以将其理解为音乐、书法、绘画等艺术形式。在家庭艺术素养培育过程中，可以适当引入这些艺术教育形式，借助艺术技能的学习来提升儿童的审美感知能力、欣赏能力和表达能力，帮助儿童、青少年提升艺术修为，提高思想境界。在家庭教育中，也可以借助某种"艺术"形式的学习，例如乐器，来帮助孩子了解优美乐章背后的知识、掌握较好的艺术技能、领悟作品蕴藏的深刻内涵，以艺术形式、思想内涵相结合的培育方式，来让儿童深层次地获得"美"的感受以及精神蕴意，帮助其达到思想境界的升华。另外，家庭教育中除了引导孩子学习"琴棋书画"等艺术技巧外，还应借助丰富的生活体验来启发、培养孩子的审美兴趣、审美取向、审美价值观，如聆听音乐会、观看舞台剧等活动，都可以在丰富生活的同时陶冶性情和审美情操。

最后，家庭教育应倡导"寓教于乐"，在轻松活泼的游戏中培养儿童的艺术素养。家庭教育中"游戏"是"美德""人格"塑造的途径之一。喜爱游戏是孩子的天性，在游戏中孩子更容易获得快乐和"美"的体验，从而有助于塑造完善的人格。即使是简单的小游戏，在设计过程中，也需要考虑形式美，它在供孩子娱乐的同时，也在影响孩子的审美感知和审美价值观。比如搭积木，在游戏的过程中孩子们会根据自身对积木的形状、颜色的理解来营造属于自己的"美"的空间，这就使得每一个孩子所营造的"美"都存在差异，他们要在搭建积木的过程中探索如何营造"美"且稳固的结构，自然而然地就在探索的过程中获得了"美"的启迪。这种"寓教于乐"的过程也会改变孩子的人格，接触"美"，应对挑战可以让孩子更加坚韧自信。

总之，在家庭艺术素养培养以及思想政治教育价值提升中，家长不必刻意要求孩子从事艺术活动、艺术学习，而应从家庭环境、氛围，从更加日常化生活化视角出发加以引导。家长应当明确艺术素养在儿童的世界中不是艺术造诣，而是艺术感知、艺术兴趣、艺术体验，更多时候在无意识中形成的艺术素养，才更适应儿童成长与发展的需求，使其形成良好的习惯与人格，提升术素养在家庭教育方面的思想政治教育价值。

二、提升艺术素养思想政治教育价值的学校教育路径

学校教育工作，必须全面贯彻党的教育方针，以立德树人为根本任务，把培育和践行社会主义核心价值观融入思想政治教育全过程，根植中华优秀传统文化深厚土壤，汲取人类文明优秀成果，引领学生树立正确的审美观念、陶冶高尚的道德情操、培育深厚的民族情感、激发想象力和创新意识、拥有开阔的眼光和宽广的胸怀，培养造就德智体美劳全面发展的社会主义建设者和接班人。

（一）提升艺术素养思想政治教育价值的学校教育原则

中国特色社会主义进入新时代，国家的发展对人民群众综合素质的要求也在不断提高，这对学校教育提出了更高的要求。近年来，学校美育取得了较大进展，对提高学生的审美与人文素养、促进学生全面发展发挥了重要作用。在《关于全面加强和改进新时代学校美育工作的意见》中，有关今后一段时期学校美育的主要思想表述如下："以习近平新时代中国特色社会主义思想为指导，全面贯彻党的教育方针，坚持社会主义办学方向，以立德树人为根本，以社会主义核心价值观为引领，以提高学生审美和人文素养为目标，弘扬中华美育精神，以美育人、以美化人、以美培元，把美育纳入各级各类学校人才培养全过程，贯穿学校教育各学段，培养德智体美劳全面发展的社会主义建设者和接班人。"[①] 学校教育是青少年成长的重要时期，提升艺术素养的思想政治教育价值，应当将学校作为重要阵地。从当前学校美育的视角看，艺术素养的思想政治教育价值提升应当遵循以下原则：

---

① 习近平. 关于全面加强和改进新时代学校美育工作的意见 [EB/OL]. http://www.gov.cn/zhengce/2020-10/15/content_5551609.htm.

第一，艺术素养培养的综合性原则。在学校教育中，艺术素养的培养更多体现在课堂学习和课外活动中，课程设置方面主要依托音乐美术等课程以及课外活动与实践及相关兴趣类课程，主要集中在音乐、舞蹈、绘画等艺术领域。虽然艺术素养的培育在学校层面呈现多元化趋势，但是其在教育实践中反映出的"各自为政"的状况也值得关注，在培养形式和方法中，缺乏自然美、生活美、生命美、和谐美等重要元素的引入，使得艺术素养培育较为零散和分散。这样的情况显然不利于艺术素养思想政治价值的提升，因此在学校艺术素养培育中必须强化综合性培育的原则。

学生应当具备多个维度的审美能力，具备对"美"的感知、"美"的发现、"美"的欣赏能力，综合化的培养才能帮助人树立正确的审美价值观，感知"真善美"，抵制"假恶丑"，从而体现艺术素养的人格塑造价值。在学校艺术素养培育中，应从更加宏观的、综合的高度指导艺术素养培养，将自然、和谐、社会、生命等"美"的元素融入培养过程中，提升学生对"美"的理解与感知。学校要将艺术素养的培育与思想政治教育全面结合，全方位地营造审美教育环境，提升思想政治教育的影响深度和广度，保障其全方位的效果。综合性培养原则可以拓展艺术素养的影响范围，使得"美"触及学生生活与学习、情感与心灵，指向学生内在的涵养和默会，提升学生的思想境界，使学生可以在"美"的体验中获得感悟、触动，更好地理解自我、艺术、生命的价值，形成高尚的人格，这才是艺术素养真正的价值体现和培养目标。

第二，艺术素养培养的人文性原则。艺术源自于生活，是人类在生产、劳动、交往中形成的"美"的感悟、结晶。诸多艺术形式都有着深厚的人文背景和文化内涵，因而在艺术素养培养中，应重视人文精神的引入，将人文与艺术结合起来，才能更好地契合人全面发展的需求。艺术形式与人文精神的结合，才能体现艺术的价值，简单的艺术知识、艺术技能的学习和堆砌，甚至是反复的刻板的模仿仅仅提升的是艺术技术，而不是艺术素养。为此，在学校教育中应当让学生明确，艺术不仅仅是艺术理论和艺术技巧的学习，更不是简单的临摹，而应是艺术内涵的展现以及艺术精神的升华。就好比一个学生如果仅仅具备纯熟的艺术技巧，可以将钢琴曲演奏得行云流水，但却不能打动观众，这就说明缺少艺术美感，技法的纯熟精准显然无法替代对情感的理解，培养出来的自然不是艺术素养。这样的学生难以对更高层次的艺术境界加以理解，更无法进行艺术创作，自身人格修养也得不到提升。学校艺术素养培养应重视对人文精神、文化内涵，乃至哲学思想等的教育，在艺术教育中更加深层次地挖掘优秀艺术作品、艺术形式背后的故事，勾勒出艺术作品的思想轮廓、精神境界，才能让学生感知到艺术美的真正内涵和价值。在这样的脑力激荡中，学生可以明晰艺术的本源，艺术与"美"、艺术与生活、艺术与人、艺术与社会、艺术与历史的关系，真正地提升艺术眼界，并接受和理解艺术内涵，从而推动自身艺术素养和自我人格的发展。

第三，艺术素养培养的融合性原则。如今的科技发展推动了艺术传播途径的转变，图像为主的视觉文化占据了时代的主导。艺术借助广泛的新媒体进入普通大众的视野，艺术与生活的融合更加紧密。艺术向生活渗透，生活走向艺术，其中蕴含的思想价值取向也在借助"艺术"不断地进入人的思想意识中。因此艺术素养培养也必须有意识地将其进行融合，即改变原有的艺术教育界限，引入更多的新型艺术元素，如视觉艺术、生活艺术等，改变原有的单纯依托经典的艺术教育思维。思想政治教育同样需要丰富多样的手段才能适应人个性化、自由化发展的需求，所以艺术素养在培养中应当看到艺术与社会、美育与德育相融合的价值，看到"美"进入人的生活环境中可以改变人对思想意识接受的途径和方式，将艺术素养的培养与思想政治教育结合起来，必然可以丰富其方法，加深其深度。为此，在艺术素养培养中应突出融合性原则，比如在传统的美术课教学中打破平面束缚，引入视觉艺术的教学；在音乐课程中引入更多的音乐形式，通过比较来呈现差异，引导学生反思、审视自己的审美意识，使之形成自己对音乐的主观理解。社会发展使得人的思想诉求相应发生改变，学校教育应当走在时代前沿，运用融合性原则，选择学生可以接触到的"美"的形式、"美"的意识、"美"的诉求并将其与思想引导和观念改变结合起来，丰富教育手段，将思想、意识、行为纳入艺术教育中，通过分析和引导，帮助学生理解、塑造审美价值观，使其在比较和甄别中形成正确的、积极的人格取向。

（二）提升艺术素养思想政治教育价值的学校教育体系设计

学校教育本身就是一种系统化、体制化的教育模式，学校教育在艺术素养培养以及思想政治教育实效性提升的过程中，必须依赖完整的培养体系才能实现教育目标。为此学校美育应当将课程、生活、科学、环境有机地结合起来，构建一个完整的艺术素养培养体系，并通过对学生艺术素养的塑造来带动其思想政治素养的提升。

首先，构建综合性教学培养体系。学校可以借助课程的多样性来提升学生对"美"的认知，帮助学生树立正确的审美价值观，改变学生的价值取向、思想意识，使之在艺术素养提升的过程中自觉构建符合社会发展的审美观和价值观，进而形成高尚的人格。如在课程设置中，按照不同年龄段学习和理解能力的差别，在小学、中学、大学中系统设置各类型的艺术课程并增加课时，有计划地进行艺术素养培养，在传授基础知识的同时，扩展学生的审美视野，将更多的艺术类别、艺术文化、人文内涵讲解给学生，引导学生理解和欣赏"美"，使其审美意识和品位在思想认识层面不断升华。学校可以借助课外活动进行更加富有人文内涵的艺术素养培养，在各类型的培训课程以及竞赛中引入相关的人文内容，改革单纯追求技术的竞赛模式，增加实践内容，在"技术"与"素养"融合的同时，突出价值观塑造，拓展社会对艺术素养培养的认知度。针对小学、中学教育，艺术素养教育更应纳入到教学日程和目标中，如在中学阶段，可以引入艺术活动、课程来帮助学生缓解压力、放松神经，课程设计可以倾向于轻松舒缓的内容，如音乐课增加音乐赏析、音乐创作等内容，寓教于乐，使学生在轻松的氛围中接受艺术感染与熏陶，这样，一方面可以帮助学生获得艺术素养提升；另一方面则可以缓解课业压力，让学生心情舒畅地投入学习中。针对大学教育，则可以增加更多的艺术选修课程、艺术论坛、艺术社团活动、艺术节等相关内容，在课程设置中增加艺术文化、艺术人文、艺术思想等相关内容，引导学生了解作品背后的艺术精神、人文精神，明确艺术的人文价值和审美价值，在艺术素养的培养中获得思想境界的提升。大学也可开展主题艺术讲座，聘请艺术家为学生进行各类型艺术知识的讲解，通过更加专业的艺术教育讲座来帮助学生更好地认识艺术，理解艺术和自身的紧密关系，从而树立正确的审美价值观。

其次，构建生活美教育培养体系。如今艺术元素更加多元，艺术与生活已经密不可分，美育元素在人们的日常生活中俯拾皆是，生活中的美育往往是最贴近受教者的。因此在学校艺术教育、艺术素养培养中不能忽视生活"美"的引入。生活美学包括两种类型，一种是衣食住行相关的生活审美，如茶艺、花艺、服饰、装饰、美食等，这些生活美学和人们的生活直接相关，可以在课程中引入相关教育元素，使得学生可以体验并创造生活美，如设计花艺课程可以让学生学习如何插花，在组合中感受到花的"美"和创作的快乐。或者引导学生对自己的房间进行布置、整理和装饰，在劳动中学习如何营造"美"的生活环境等。另一种生活美学则是对生命、自然、人性美的感悟与体验，主要的培养目标就是使学生深入了解生命的"美"、自然的"美"、和谐的"美"，此类课程深度和广度较大，应适当选择课业内容和难度，建立从小学到高校的由浅入深的教学体系，并有所衔接。

最后，构建"课程美育"教育体系。在中央《全面加强和改进学校美育工作的意见》中指出，"加强美育的渗透与融合。将美育贯穿在学校教育的全过程各方面，渗透在各个学科之中，加强美育、德育、智育、体育相融合，与各学科教学和社会实践活动相结合。深入挖掘数学、物理等自然科学中的美育价值。大力开展以美育为主题的跨学科教育教学和课外校外实践活动，将相关学科的美育内容有机融合，发挥各学科教师的优势，围绕美育目标，形成课堂教学、课外活动、校园文化的育人合力。"[①]由此可见每个学科都有其独特美育价值，不论是数学、化学、物理等都有着独特的科学"美"，在艺术素养培养的教育体系中，一方面可以将各门课程科学之美融入美育中，另一方面也应推动实现由"美育课程"向"课程美育"的转化，使之更好地融入渗透到各门学科和课程之中。就如西方强调的"STEAM"课程一样，其中 S-科学、T-技术、E-工程、A-艺术、M-机械，它强调的是，围绕一个主题的教育内容应当能够充分体现上述教学元素，使得艺术与科学、人文与技术、思想与实操有机地结合起来，提升学生的综合素养，在综合素养提升中，促进学生健全人格的养成与塑造。

（三）提升艺术素养思想政治教育价值的学校教育措施

学校对提升艺术素养思想政治教育价值的措施不能一概而论，应当按照学生的具体状况采取与之相适应的措施，就目前的学校教育体系看，可以从不同的阶段入手采取有针对性的教学设计，使之适应学生的生理、心理需求，来营造不同的艺术素养培养氛围并选择有针对性的措施。

---

① 习近平.关于全面加强和改进新时代学校美育工作的意见[EB/OL]. http://www.gov.cn/zhengce/2020-10/15/content_5551609.htm.

1. 小学阶段

小学阶段是孩子成长的关键时期，他们正在逐渐适应学校生活和学习环境。小学阶段的学生具有好奇心和探索欲、丰富的想象力和创造力、童真和单纯、较低的自我管理能力和责任感以及强烈的社交需求等特点。儿童时期是一个人一生当中接受能力和学习能力最强的时候，这个时期对孩子进行艺术教育效果事半功倍，收获会特别大。首先，强调孩子对艺术的整体感知和兴趣培养，使之初步认识艺术形式，艺术美等。小学应重视艺术素养培养的持续性，使孩子的艺术兴趣和感知能力持续得到提升，不能因升学要求而忽视艺术素养培育，在小学阶段应有序开展艺术兴趣的培养。如今许多家庭都关注学生的兴趣爱好，学习一门艺术特长已经成为普遍现象，此时学校教育中应重点引入艺术与人文、艺术与兴趣的培养内容，发展学生的艺术想象、艺术通感，同时传授给他们艺术知识、表达方式等，使得小学生不仅可以运用艺术技巧进行创作和表达，更可以理解艺术形式背后的"故事"。同时要注重艺术教育的生动性，避免枯燥的理论与机械地练习，保护学生对艺术的兴趣，保持其特有的意识化、自觉化、想象化的创作能力，使之可以获得艺术乐趣。

其次，在小学艺术素养培养中应强调课程设置的综合性。尤其是在音乐、美术、劳技等课程中应突出综合性的美育目标和方法，使得学生对艺术的认知更加的丰富多样。在艺术技能教学中，让学生可以接触到更多、更丰富的艺术知识和人文知识。同时还要将科学美、人文美引入音乐、美术教学中，更应在语文、数学、外语等综合类科目中寻找艺术教育、艺术素养培养的主题内容、元素，让学生感受到课程学习中的美，增强其对艺术课程与其他课程学习的兴趣。

最后，丰富学生的艺术见地和艺术人文知识。比如教师在教学中可以介绍优秀的艺术作品以及其人文背景，让学生可以接触到更高层次的艺术作品，虽然学生不一定能够完全理解，但更重要的是使其在潜移默化中受到熏陶和感染。优秀艺术作品的赏析，可以让学生更好地了解艺术的多样性和深刻性，从而形成良好的艺术感觉，能够简单地分辨优劣艺术作品的形式或者内容差别。同时应丰富教学内容，如将戏剧、舞蹈、话剧等引入小学中，编排一出戏剧进行角色扮演，通过参与演出的形式来引导学生认识艺术的多种表现形式。

2. 中学阶段

中学阶段的学生已经形成和具备了一定的自我心智和生活经验，生活圈的扩展使得他们对于外部世界有着更加积极的探索欲望，以及渴望独立的思想意识。在对艺术的理解上，他们更加希望表达自己的判断和观点，容易形成个性化的见解与认识。在这一时期，强烈的自我意识伴随尚不成熟的心智使其更愿意了解当下流行的艺术趋势、艺术符号、艺术形式等，各种社会流行艺术成为其追求的目标。但是与此同时，对流行艺术的片面推崇也容易使其陷入其中而迷失自我，从关注流行到迎合流行，最终屈从于流行，使得他们的艺术兴趣固化，艺术创作欲望减弱。所以如何理解艺术美，并树立社会价值体系认同的审美观是中学美育教育面临的重要课题。

首先，学校应继续营造艺术氛围，借助主流艺术、优秀艺术作品来扩展学生的艺术视野，提升其艺术兴趣，进一步激发其想象潜能。学生要提高中学艺术教育的广度和深度，加深学生对于艺术与个体、艺术与审美观、艺术与自然发展、艺术与社会发展等关系的理解。学校要引导其正确对待流行时尚的艺术元素，帮助其克服不良思潮的消极影响。学校还应积极推动学生艺术能力的发展，强化学生艺术创作、艺术表达的能力培养，增强学生的艺术兴趣，通过自我艺术表达的提升来建立一种良性循环，使学生借助其艺术表达中的成就感进一步增强艺术素养的学习意愿。为此学校应当借助课堂教学、校园活动、课外活动等来带动学生艺术创作的热情，使其充分利用课内外时间来组织排练、编演各种音乐剧、舞剧、戏剧、合作绘画、合作设计等；组织学生开展主题艺术节，使之自发地进行艺术创作、艺术编排、艺术组织等；在假期组织学生观看艺术演出，甚至可以组织学生观摩艺术团体的排练，让学生了解艺术创作的过程与艺术表演的心路历程，从而对艺术作品了解得更加深刻。

其次，在艺术素养培养中应当注重专项艺术的训练，以及艺术与人文的交叉融合。与小学生相比，中学生已经具备了更高的理解、接受、表达能力，可以对其进行更加专业的艺术教育，比如音乐课中的美声唱法、民族唱法的技巧传授，美术课中油画、水墨画的技法传授，更应增加艺术史、艺术鉴赏、艺术概论等课程内容与之配合，让学生在学习中感受到艺术形式背后的博大文化底蕴，进而提升自身的艺术认知层次及艺术素养深度。又比如中西方绘画发展以及艺术表现形式存在明显差异，教师在美术课中可以借助这样的差异来讲解中西文化、历史、社会发展对艺术的影响，从而揭示人文、艺术、社会、自然之间的辩证关系，加深学生对艺术的理解深度。或者教师还可以借助当前新媒体背景下的一些新型艺术形式进行案例分析，解析其艺术形式、艺术流行背后的艺术归类、人文背景等，让学生可以了解这些流行艺术、符号的来源依据和意识本源。

最后，在教学中还可以采取主题化、专项化的形式，即针对某个艺术教育课程、内容等设立专门的研究主题，比如建筑艺术与音乐艺术的比较，绘画艺术与服饰艺术之间的比较等，采用任务驱动的方式让学生进一步聚焦某种艺术形式，通过自己的眼睛、思想来挖掘其中的艺术内涵、人文内涵、精神内涵，这样不仅仅能够丰富艺术教育的课程方法和形式，更可以让学生在参与中获得艺术认知的提升，激发其兴趣、提高其素养。

3. 大学阶段

高校大学生处在教育体系与社会体系衔接段，在校期间所形成的相对稳定的自我意识、价值观将直接影响其在社会中的思想意识、行为模式等，所以大学时期的艺术素养培养是影响思想政治教育效果的关键阶段。为此，在大学生艺术素养培养中，应当注意以下几点：

首先，高校要重视艺术素养培养与专业技能培养之间的平衡与互补，毕竟艺术与科学都是人掌握世界的重要手段，二者是相互配合相互协调的。艺术素养的培养中应当强化普通高校的艺术素养培育，提高艺术素养培养在高校教育体系中的地位和影响力。高校教育中大学生的创新意识更需要通过艺术素养培养来强化，毕竟艺术素养不仅仅是艺术技能，更是积极审美态度、丰富情感体验、艺术创作能力的体现，可以为思想打开自由的空间，从而提升大学生在学科领域的创新能力。为此，高校应当增加艺术课程的课时占比，在制度上面确立公共艺术课程的基础性、通识性地位，将公共艺术课程的目标定位为培养学生的艺术能力和人文素养、创新意识上，充分认识到非艺术专业学生公共艺术教育的重要性，将艺术作为一种文化来传授，实现艺术对学生情感的陶冶，审美兴趣的提升，想象力的保持，创造力的发展。在课程设置上应当重视学生的艺术欣赏、艺术评价、艺术表达的能力提升，促使学生深刻理解艺术价值和人文意义。应设立普通高校非艺术专业的艺术通识课程，按照美育的目标和内容规划课程设置，提升高校教育体系中艺术教育的比例和分量，如开设艺术史课、艺术哲学课等，让学生在学习中了解艺术与生活、社会、经济的内在联系，使得学生更好地理解什么是艺术，艺术对于人类社会发展及对自身发展的价值等。

其次，高校要开设多元化的选修课程，多角度提升学生艺术素养。高校可以开设音乐艺术、表演艺术等课程，侧重提高学生的艺术表达能力、丰富艺术知识；开设艺术理论、艺术史、艺术鉴赏等课程，提高学生对艺术表达形式的判断力、理解力；开设相应的实践性艺术课程，强化学生的艺术理论与实践能力，借助高校丰富多样的艺术教育形式让学生更好地体验艺术美，体验艺术对自身发展的重要影响。诸如此类的选修课不仅可以提升学生的艺术素养，也有助于加深大学生对艺术和人文、艺术和社会关系的深刻理解，更好地塑造其审美价值观，使之与社会主义核心价值观融合起来。学校还应建立完善的社团制度和体系，借助艺术社团的发展来带动学生艺术素养的提升，为大学生的课余生活、艺术实践营造更好环境、提供更多保障，鼓励让更多的非艺术专业、非艺术特长生进入社团中，参与艺术学习和创作，加深其艺术兴趣、丰富其艺术体验、提高其艺术技能、营造高校艺术素养提升的良好生态，引导学生在艺术教育、艺术活动、艺术生活中建立正向的审美价值观，从而实现高校美育的大目标。

最后，高校还应定期组织有特色的校园艺术活动。通过对大学生艺术活动调查发现，非艺术类高校师生普遍认为高校的艺术氛围不足，缺乏丰富的高校艺术生活，学校很少组织有特色的艺术活动。因此高校尤其是非艺术类高校，应扩展思路根据自身的办学特点来创办师生共同参与的校园艺术活动，例如话剧节、歌唱比赛、绘画展、摄影展等。主要目的不是为了活动而活动，而是借助活动来激发学生对艺术的兴趣，对艺术创作的渴望。比如哈佛大学就有着"艺术优先"艺术节活动传统，从1993年开始，每年五月的第一周为活动周，已经连续开展27届。艺术节中全员参与，其规模、参与人数覆盖了整个校园，艺术节上演几百个艺术节目，涵盖了音乐、戏剧、舞蹈、影视等主流、非主流艺术形式，各种各样的艺术创作活动对全校师生都产生了影响。我国高校也可以借鉴此类经验，创建有自身特色的艺术活动项目及文化艺术节，由此来引导、倡导高校师生积极参与到艺术活动中，激发学生的艺术热情和积极性。

三、提升艺术素养思想政治教育价值的社会路径

构建"大思政"格局不仅要求继续发挥课堂教育作为思想政治教育主渠道主阵地的作用,还应注重思想政治教育的社会教育维度,进一步释放其对社会成员产生的影响。而基于艺术素养提升思想政治教育的社会途径就成为必须关注的教育环节,这对消解公众对艺术的媚俗化、改善过度消费对社会的负面影响,有着积极的作用。从思想政治教育的视角看,公共艺术成为影响人、教化人思想意识的重要载体,随处可见的"艺术"元素和"美"在潜移默化中影响着人的思想意识,成为最直接、最广泛的提升思想政治教育效果的艺术素材。

(一)公共艺术作品中思想政治教育氛围营造

"公共艺术被称为公众的艺术或社会艺术,它不隶属某一类艺术流派或艺术风格,也不单指某一类艺术形式,它存在于公共空间并为公众服务,体现了公共空间中文化开放、共享、交流的一种精神与价值"。[1] 如今公共艺术对于人的影响范围逐步扩展,社会艺术作品已不仅仅局限在影视、媒体艺术作品上,更多地出现在公共艺术活动、公共空间中,国民生活中所面对的环境、自然、社会等都有着艺术元素。可以说,公共艺术如今已普遍存在于社会生活之中,且具有精神价值,对于影响公众的思想认识起着艺术教化的作用。公共艺术既然前缀了"公共"二字,自然就代表其对于人的影响处在广义层面,只有社会的、公有的、公用的艺术形式或者内容才能被称之为公共艺术,它与私人艺术品之间存在明显差异。公众艺术素养自然也会受到公共艺术品的形式、内涵的影响。人进入社会后,已无法通过学校教育的途径继续提升艺术素养,而社会生活、社会环境将对人的艺术素养产生持续影响。如前文所述,艺术素养是不断改变的,人通过不断的学习和艺术熏陶,自身艺术素养将不断改变,这个改变存在正向和负向之分,如果可以营造良好的社会艺术环境、艺术氛围,人的艺术素养提升自然会是正向的,即符合社会道德观、价值观、审美观的需求,并能够促进人自身与社会共同和谐发展。

如今,借助网络途径,多数艺术形式都已经被广泛"传播",即使是小众艺术也不可避免地被赋予公共性。公共艺术对于社群生活的普及,是一种公共空

---

[1] 宋薇. 公共艺术与城市文化 [J]. 文艺评价, 2006 (06): 92-94.

间、公共体验的艺术形式，其公众参与性明显，其空间也十分广阔。应当注意的是，媒体艺术、空间艺术，只要可以被广大群众所接触，就被赋予了公共艺术的属性。如影视剧目、公园雕塑、街道景观、景区建筑等等，诸如此类的艺术形式，虽然根据不同的标准从属于不同的艺术门类，但就其影响范围的角度而言，由于它被公众广泛接触、欣赏，从现实效果上就成了公共艺术品。公共艺术在公共空间中是一种重要的存在，彰显着公共空间的伦理功能，在今天的多元化的时代趋势下，装饰艺术、社区艺术、空间艺术、景观艺术，甚至传统的庙会踩街或秧歌剧等都有着一定的公共艺术属性。公共艺术有着多种的功能属性，包括：文化传承或宗教是信念诉求；多元的团体创作行动形式；集体情感传达性；参与共同创作的激荡乐趣；生活层面相关的艺术计划；凝聚校园意识与师生认同；新世态的公共艺术议题论述性；生活创意，服务，学习与家庭成长的社区艺术等。公共艺术必须赋予作品思想意识、使之具有思想政治教育的内涵，这样才能有助于其提升社会影响价值。今天各种艺术形式已经不仅是殿堂中的阳春白雪，它们已经进入公众的生活中，最为简单的范例就是城市建设、城市景观，乃至地铁站、飞机场、公交车站都在进行艺术美化，这样的公用设施也必然会对公众思想意识造成影响，如果这些公共设施可以体现"美善"，也必然会引导公众意识进入"美善"中。同时，公共艺术对于公众而言是平等共享的，营造的是相对公平的艺术环境，任何人都可以在公共艺术中获得交流和互动。在哈贝马斯理论中公共艺术与公众的"接触"是发生在他定义的"公共领域"情境中。在"公共"视域内参与者必然遵循某种特定的规范，此类规范在社会关系中是相对固定的，不会受到人际关系的影响，这样的规范从思想上造就了一种归属感，虽然这样的归属感不能使得人与人之间实现思想上的完全一致，但是可以让人在公共领域中获得相互的了解。这与思想政治教育中的实践锻炼法相似，施教者、受教者之间在公共视域中参与实践活动，通过公共活动相互接触了解，并形成一种思想上的共识，在改变客观世界的同时也在改变自己的主观认识，不断提高自身领悟能力和思想品德。

公众艺术素养提升中应强化思想政治教育环境的营造意识。主要目的就是借助公共艺术的公众影响价值来营造良性的"艺术美""道德美""意识美"，在良好的"氛围"中潜移默化地影响公众的思想意识乃至价值观，进而使之养成社会所需的高尚人格。此时需要将各种具有公共艺术属性的艺术形式纳入思想政治教育的视域中，借助公共艺术的特征和能效，营造良好的社会道德氛围。不断地提升公共艺术的艺术品位、艺术价值，从总体上提升公众的艺术眼界、艺术感知水平，影响公众对于艺术的认知和审美，营造符合社会主义核心价值观的艺术氛围，使公众的艺术素养随着公共艺术影响力的扩大而提升。公众在不断提升欣赏能力、鉴别能力的同时，艺术素养也在不断提升，在此过程中他们可以不断地接受公共艺术中蕴含和传递的思想政治教育信息，最终获得社会教化。例如，电影《八佰》，作为公共艺术作品，具备强烈的思想政治教育价值，其借助影视的艺术表现形式，再现了抗日战争中可歌可泣的场景，其造成的社会影响已经超脱了电影艺术本身的价值，所产生的民族凝聚力、英雄感召力对公众的影响显然要更加广泛，所形成的爱国情愫、爱国热情使之成为生动的爱国主题课。再如：筹备中的报告剧《在一起》，从不同的视角反映了疫情期间平凡人物的不平凡行为，对于公众而言这些"不凡"就在身边，他们所体现的人性光辉和民族精神，要比枯燥的文字更加具有说服力，所营造的社会氛围也更有利于公众思想意识的提升。

（二）公共艺术活动中核心价值观的传播

社会是公众美育的基本场所。从美育与思想政治教育的关系角度来看，美育必须关注社会对人的影响，思想政治教育也应更加关注社会层面的认可与接受，公共艺术就成为"以美育德"的重要载体。公共艺术另一定义为以大众需求为前提的艺术创作活动，在专业指导下开展的大众文化运动，包括艺术创作、公共空间、大众参与三个重要元素。可见公共艺术是大众文化运动的一种具体形式，因此公共艺术以及相关活动必然将社会需求作为背景，在"运动"中也必须凸显社会主义核心价值观。

十八大以来党的重要会议和文件中多次强调要弘扬社会主义核心价值观，使之成为全社会共同的道德风尚与价值准则。党和国家对于社会主义核心价值观在文化、艺术中的传播十分关注，也明确指出社会主义核心价值观是精神文明建设的重要基础，在公共艺术活动中必要也必须融入社会主义核心价值观，由此来引导公众的审美价值取向，使之在"真善美"的基础上提升对中国特色社会主义道路、理论、制度、文化的自信。要将社会美育、道德修养培养与社会主义核心价值观加以融合，突出社会主义核心价值观中"真善美"蕴意，从而让公众明确自身发展与社会发展的共同目标，即中国特色社会主义的建设与发展。

首先，在艺术创作中明确公共艺术活动应当以社会主义核心价值观为基础。核心价值观高度地总结和明确了我国国家、社会、公民三个层面的基本要求，在公共艺术活动中应当将核心价值观的思想意识、人文意识、艺术思想融入其中，借助核心价值观来规范公共艺术创作和活动。尤其是在各种视觉艺术大行其道的今天，单一技术支持、视觉需求的趋势下，艺术内涵被弱化的趋势明显，在此背景下公共艺术活动应以社会主义核心价值观为创作依据，弘扬社会主义核心价值观的思想意识，这样才能保障公共艺术活动规范有序，从而起到对人的艺术素养的培养和提升作用。

其次，公共艺术活动应营造社会主义核心价值观的形象、内涵氛围。公共艺术活动是群众日常接触最多的艺术形式，公共艺术以及相关活动存在于社区、学校、公司、社团，公共艺术活动不仅仅是群体性艺术活动，更是人与人的一种交际形式，人与人之间借助艺术氛围实现互动与交际，其思想意识也在相互影响和改变。公共艺术活动应当将社会主义核心价值观融入活动、交际中，人与人之间在公共艺术活动中保持良好的社会关系，如诚信、友善或者文明、和谐，由此才能体现公共艺术活动的真正价值。在艺术活动中所营造的社会主义核心价值观氛围也应当更加具象化，鲜明地融入社会主义的理想信念、价值准则，这样才能塑造更高尚的公民人格，这也是在践行思想政治教育的目标，以及社会美育的诉求。

最后，公共艺术活动应满足公众参与需求，融入主流价值取向。虽然公共艺术的主动提供者是政府或者艺术团体、社会组织等，但公共艺术活动的参与主体必然是广大群众，失去了群众的认可与参与，公共艺术活动将失去价值。为此，在公共艺术活动的组织中，应满足公众参与的现实需求，避免曲高和寡的情况，同时，应在活动中融入主流价值观，组织公众开展积极向上、健康愉悦的艺术活动，在这些活动中应当积极倡导主流艺术的价值观引入，凸显歌颂先进、歌颂英雄、歌颂时代、歌颂美德等内容，各种艺术活动都应展示出社会和谐、国家进步、法治主导等思想内涵，潜移默化地对公众进行思想引导，最终达到提升公众的艺术素养以及思想境界的目标。

（三）公共艺术教育意识影响的长效机制构建

公共艺术教育意识影响的长期有效，离不开政府、社会、公众的积极参与，为此应当从制度层面探索和构建高效稳定的体制机制。首先，政府宏观和长期扶持、管理机制建设。我国始终关注社会精神文明建设，其中就蕴含着丰富的公共艺术教育的基本思路和方法。从宏观政策和规划的角度看，党和国家已经意识到公共艺术教育的长期性和有效性，只是在操作层仍需要加以细化，如制定对应的公共艺术教育的实施措施和规范；设立专门的机构组织对公共艺术创作进行管理和引导；使得公共艺术创作、艺术教育都进入到正规可控的渠道，且获得专业性支持，在合法合规的前提下，满足美育和道德修养培养的要求。政府应对相关公共艺术发展、公共艺术教育制定适应性计划，满足项目的目标方向、管理模式、资金保障等要求，推动宏观政策的落实与推进。政府还应建立文化监察、管理机制，针对各种公共艺术供给以及活动进行监督和管理，引导公共艺术供给、活动等符合社会主义核心价值观的需求，保障公共艺术为精神文明建设服务，使之产生思想政治教育的效果。规范地开展各种公共艺术供给和活动，杜绝各种违规、违法行为，保持公共艺术供给和活动的公益性质。

其次，政府、社会各界资金供给的长效机制建设。公共艺术供给和活动，离不开资金的扶持。西方国家的社会公共艺术以及相关活动资金多数来自社会资源，而我国则由政府主导，社会辅助。为此要保障公共艺术供给和活动的资金持续稳定，可以从以下两个角度出发，一方面，建立专项资金池，由国家政府借助市政资金、政府教育资金等来帮助营造社会公共艺术氛围，包括各种艺术景观、艺术活动等都可以由政府倡导，比如社区艺术活动、社区艺术展示等。政府可以建立专项资金，针对社区性的艺术活动进行支持，由专人负责进行资金调度和筹集，为基层群众化艺术活动、艺术教育等提供帮助。另一方面，鼓励社会团体、企业、机构出资提供相关支持，开展艺术活动。此项资金由政府文化部门进行引导和监督。必要时可以借鉴基金会的形式，筹集社会资金转化为公共艺术供给或者公共艺术创作等，也可以出资组织艺术团体开展各种类型的文艺活动、下基层活动。此类公共艺术活动在我国已经有了一定的经验和成果，但受地域和人力物力的影响较大，在推广普及方面仍具有较大的拓展空间。为此应当鼓励地方文艺团体，借助社会资金扶持开展多样化、大众化的艺术活动。鼓励企业开展公益性文艺活动，从特定范围看公共艺术教育、公共艺术活动，也可以是企业文化的塑造，企业可以通过公共艺术活动来打造企业文化，丰富员工生活，艺术熏陶和艺术素养的提升，从而提高员工的综合素养，有利于企业的发展。此模式是一种变相的资金支持,即企业出资开展丰富的公共艺术活动,参与者包括员工、家属、所在社区的群众,最终达到公共艺术影响公众的目的。

最后,公共艺术公众参与的长效机制建立。公共艺术是公共空间的艺术,也是公众参与的艺术,因此公共艺术不能脱离群众参与,其中群众就包括两种类型,一种是艺术家群体、艺术团体;一种就是普通群众。公共艺术只有创作者和观赏者共同参与才能体现其价值,毕竟公共艺术也是一种艺术表达,必须先由艺术家、艺术工作者来创作,形成作品,再被普通民众所欣赏、参与、认可,才能起到公共教化的效果。一方面,积极鼓励艺术家开展公共艺术创作、艺术教育等活动,用自身的专业艺术水平赋予艺术活动以思想内涵。艺术家、艺术团体的专业性使之可以更好地将艺术与公共需求结合起来,从艺术的角度、道德的高度来创作公共艺术作品,这样就具备了公共艺术教化的功能。我国的艺术家协会、艺术团体等应当在国家政策下指定自己的公共服务计划,定期为公众提供艺术服务,其中包括艺术创作、演出、教育等内容,使"艺术教化"影响更加持久且广泛。另一方面,群众参与相较于艺术家参与更为普遍,公众参与主要在于满足其艺术获得感,艺术获得感主要是从空间角度,在生活中,政府应为公众提供"艺术"空间,让生活环境更加艺术化,公众也可以通过自身的学习对周遭的公共空间进行改造,积极的营造优美的生活环境。普通群众在参与艺术活动中,所接触的艺术形式、艺术思想应当经过艺术加工和引导,满足社会主义核心价值观的需求,也可以从中体现"真善美",让群众在参与活动中获得艺术素养提升,进而实现思想意识的升华。

四、提升艺术素养思想政治教育价值的网络路径

互联网时代让更多的信息流布在虚拟空间,海量的信息打破了时间和空间的限制呈现在公众面前。在此情况下,人的思想意识自然会受到各类网络思潮的影响,这其中必然存在不利于社会的发展和人的全面发展的负面思想,其影响效果具有离散性和难以预见性。为此思想政治教育必须关注此类信息的负面影响,选择更加有效的对策来帮助人认清偏差,培育和践行社会主义核心价值观,进而实现营造良好网络环境的目标。值得注意的是,在互联网环境下,诸多"艺术"形式承载着各种"思想",这些丰富的"艺术"形式可以承载负面思想,自然也就

可以承载"美善"的意识，所以要实现思想政治教育目标，必然需要借助网络"艺术"的思想内涵引领网络思潮的走向，提升民众的网络艺术素养与道德素养。

（一）互联网"艺术"资源思想价值提升

艺术素养与意识形态之间存在复杂的内在联系，虽然网络技术改变了艺术传播的形式，但是其负载的情感交流、语言表达、思想内涵的本质没有发生改变，即互联网只是改变了艺术的传播形式，资源共享方式，但没有改变艺术作品的思想内涵，艺术对于个人思想观念的影响是客观存在的，其作为思想、感情、道德的载体性质没有发生改变。詹姆逊指出"我们要从市场角度，从资本主义内在规律的角度来揭示、分析各种'虚幻意识'，分析大众媒体在阻碍思想与政治进步的过程中所起的作用。"[①]纵观人类社会发展史，审美价值观始终影响着社会意识形态，影响着人的政治观念，影响着个体价值观，可见互联网"艺术"的思想性本质没有发生改变，其作为载体体现思想政治教育的精神价值反而变得更加重要。

网络技术与艺术的结合使得资源打破了时间、空间的限制，各种艺术形式、艺术信息、艺术知识都借助网络实现了广泛传播，尤其是一些以往小众的艺术资源也被共享到网络中，成为普通人都可以接触到的艺术形式，最大限度地实现了艺术资源共享。共享资源类型可以归纳为两个类别，第一种：艺术、美学等资源，如很多博物馆都在网络上建设了自己的网站，为公众提供在线浏览和咨询平台，借助网络技术各种专题展览实现了全方位的高清呈现，辅助以动态画面、文字注解等，无疑为公众提供了丰富的艺术资源。同时在各种社交平台上，各种艺术、美学资源传播更加方便快捷，涵盖了主流、经典乃至小众艺术形式，为公众提供了丰富的艺术资源，成为公众艺术学习、艺术感知的重要途径之一。第二种：艺术资源以网络课程方式出现，一些艺术家、艺术教育机构借助网络技术开设网络课堂，开发网络课件，通过线上方式讲解和传授艺术知识、艺术技法等。这一类网络课堂吸引了很多受众。"新冠肺炎疫情"期间，更多的人开始接触网课，不论是语数外等基础课程教育还是艺术课程教育，都在新媒体的帮助下开展了非常规的授课，以此满足公众学习需求，艺术教育网课也成为艺术传播的重要方式。

---

① 李世涛. 后现代文化理论建构中的批判性视角——论詹姆逊的后现代主义文化理论的运作[J]. 深圳大学学报（人文社会科学版），2005（06）：94-100.

艺术资源被公开发布到网络上，对于培养艺术兴趣、学习艺术知识有着很大的帮助，上述资源往往经过加工和编辑，更加符合网络传播的需求，短小集中的内容也更容易被公众接受和学习。

正因网络资源丰富，大大降低了普通民众学习和接触艺术的门槛，所以更需要提高互联网"艺术"资源的思想政治教育功能，重视网络资源的发布及接受的不易控制、传播速度快、容易被人关注等特点，并加以约束和引导。因此，从美育角度看，要提高公众艺术素养，必须重视对网络艺术资源思想价值的提升，在艺术资源加工中体现社会主义核心价值观的思想内核，在各种艺术资源传播中，重视其思想意识的融入。在资源管理、资源供给上应当突出系统性整合的特点，即在媒体中针对艺术资源发布进行有序控制，整合主流媒体、主流机构，来构建一个规范的艺术资源平台。各地方可以借助艺术资源整合建立自己的艺术资源库，将资源平台、网络课程进行有效对接，借助优质的艺术资源占领网络艺术的新阵地，达到引领网络审美取向的效果。如陕西省就在2015年开通了"新华美育"的在线课堂，邀请诸多名师、名家进行网课录制，并将其发布到网络上分享给地区内的中小学，为省内的艺术教育提供了权威资源，提升了当地网络艺术资源的思想引领价值。借鉴这样的经验，各地的主流媒体、艺术机构都可以发挥自身的艺术资源优势，组织、加工形成具有自身特色的艺术"网络产品"，将其共享到网络平台中，借助资源优势和渠道规范，达到净化网络树立标杆的效果，并提升整个网络空间艺术资源的思想价值。

要提升互联网"艺术"资源思想价值，还应重视与日常生活的结合，使之适应社会发展与普通民众的基本诉求。毕竟艺术与日常生活的紧密结合才能更好地突出其美育价值，乃至思想政治教育价值。在艺术网络资源中应当引入更多的生活元素，在资源形成以及发布中应当融入对社会生活"真善美"的表达，就比如一些短视频平台鼓励公众记录生活中的"真善美"，通过普通人的视角关注生活中的"美"，来提升短视频的"艺术"思想价值，正向影响观众的情感、观念等。网络艺术与生活的结合，不仅有助于提高创作者自身创作能力和素质，其作品也可以更好地影响受众的艺术素养，生活化的艺术更容易被公众接受，且在无意识中提升其思想境界。大家在为"真善美"点赞、关注、转发的同时，其思想观念也会受到社会主流思想的作用与影响。

(二)互联网"艺术"品味美育价值提升

从网络"艺术"资源复杂性角度看,当今互联网已经成为信息传播的重要手段,在其多元化的信息传播中,各种信息所承载的思想观念也被传播者、关注者所接受,网络艺术作品中的审美价值观、社会思潮也随之变得更加多样且复杂。不可否认,互联网技术的发展极大变革了社会信息的传播方式,但随之也出现了一些问题。当代中国审美文化和艺术品位在"互联网"下受到一定冲击,艺术教育、艺术素养培养过程中技术、技巧成为主导,内在思想认识、价值观念的传递功能被逐步边缘化,"网络艺术"重视的是花哨炫技,以此博得公众的眼球。在网络效应的驱使下,艺术原有的美育价值也被弱化,各种社会思潮在"艺术自由""艺术刺激"的助力下进入公众视野和思想中,就如美国最近倡导的新保护主义、新自由主义等,其蕴含着意识形态偏见、冷战思维、保护主义、双重标准等等,在一些网络艺术的伪装下,宣扬资本万能、市场万能、金钱万能的片面意识,其造就的"艺术"也往往体现的是"资本"的品位。在这种观念的驱使下,艺术被资本所绑架,比如美国打压中兴、华为,抑或是在"疫情"面前"忽悠"人性自由而"转嫁矛盾",这些行为和意识是资产阶级统治的思想本源所致。由此可以认清,艺术虽然没有国界,但是艺术却有"品位"。调查显示,美国电影票房占全球电影市场的80%,美国控制着全球75%的电视节目制作和80%的互联网信息资源,美国的"艺术"影响力已经覆盖全球,所输出必然是"美式"的国家意志、价值取向的"艺术"。在此背景下,要提高艺术素养的思想政治教育价值,必须提升互联网"艺术"品位,其思想内涵必须凸显我国社会主义核心价值观和社会发展诉求,而不是其他意识形态,从而改变现有互联网"艺术"存在的品位盲从问题。

从资源获取和学习过程看,互联网"艺术"极大改变了公众对艺术的认知和学习模式,以往被动的艺术学习模式变为主动学习,个体化的学习方式也发展为多人参与的共同学习方式,互动、共同学习的模式进入公众艺术学习过程中。互联网极大促进了艺术作品、艺术资源的共享,个体具备了艺术传播的能力,人们的艺术学习更加灵活。诸多在线资源让学习者可以通过自身需求选择资源,各种关于艺术、审美、美学信息等通过互联网进入普通人学习视野中,个人可以按照喜好进行选择,当然,更多具有相同兴趣爱好的人也可以通过网络实现互动,这就很容易形成一个艺术学习的群体。一类艺术、一种艺术形式可以通过网络来汇集更多的学习者，就好比最为简单的"网络 K 歌"软件，它使得爱好唱歌的人相互交流，每个爱好者都可以展示自我并相互学习进步，这提升了人们歌唱艺术的学习热情。资源的易得性趋势使得如今应当更加重视互联网"艺术"品味美育价值的引入，毕竟各种艺术作品在网络已经实现了最广泛的共享，个体乃至爱好相近的群体中，网络"艺术"的传播速度已经不能用简单的数字表达，其几何规模的传播很容易影响到一个人、一个群体乃至更多受众。

既然互联网"艺术"具备资源复杂、获得便捷且影响广泛的基本特征，那么我们就必须重视和提升互联网"艺术"品位的美育价值，这不仅能打破资源质量的局限，更是对公众艺术素养的正确引导。首先，互联网"艺术"品位必须与国家、民族发展契合。我国具有五千年的文明历史，纵观世界文明发展史，只有我国的艺术、文化历经五千年而长盛不衰，形成了独特的民族艺术底蕴和艺术品位，这是很多其他国家所不能比拟的。我国的艺术品位自古就崇尚高雅、和谐，艺术教育中也始终继承和发扬着人格塑造的内核，因此要提升互联网"艺术"品位，应充分借助优秀传统文化中的艺术独特性、多样性来实现，展现出中华民族优秀文化传统与思想精髓，发扬五千年文化、艺术底蕴，更好地感召网络艺术受众，弘扬"真善美"品位和价值观，帮助其获得艺术素养、思想境界的提升。如：故宫博物院借助网络来呈现各种馆藏，将建筑艺术、绘画艺术等呈现在公众面前，更大胆创新利用艺术形式、内涵打造"网红"商品，其推销的虽然是某件"爆款"，但是其更是在扩散"艺术品位"和民族内涵。

其次，在艺术资源、艺术交流方面强化引导，鼓励更多的艺术家、艺术团体为网络资源贡献自己的专业能力。网络艺术超越时空限制的特征使得其传统美育功能出现一定弱化，因此，强化网络"艺术"的美育价值，尤其是艺术品位的提升刻不容缓。网络环境下，"艺术"发布和交流者自身的艺术素养参差不齐，所传播的网络"艺术"也存在思想内涵上的差异，美育价值也就不易控制，如果引导艺术家、艺术团体、教育机构等，借助专业技术、能力、资源优势，共同提升网络艺术的品位，融入更多的美育内涵，那么就可以起到更好的反馈效果。艺术家、团体、教育机构在传授技艺、宣传自身的同时，也在无形中影响着互联网"艺术"品位的流布标准和意识形态，以促使其形成符合社会发展主流价值观的网络艺术总体品位和氛围。由此为网络"艺术"确立标杆，让普通群众可以从互联网"艺术"中获得艺术品位的提升，了解艺术的正确"打开"方式，有助于其获得"美"的体验，并在无形中提升自身的艺术素养。

最后，互联网"艺术"还应重视受众的兴趣、体验感提升。兴趣是网络"艺术"吸引关注的重要因素，前面已经提及的趣味高低是艺术品位的一个方面，而审美趣味在很大程度上是受自身兴趣所影响的，所以引导公众的艺术兴趣也是改善品味的重要一环。互联网中的诸多资源、信息之所以被人所关注、传播，自然是兴趣使然，要提高普通群众的艺术品位，也应从艺术活动参与者的兴趣入手。有意识地将艺术与生活相结合，让公众对互联网"艺术"产生兴趣，产生了解、观赏，乃至学习的欲望，所以网络艺术资源的提供者在重视"作品"美育功能的同时，还应赋予其有趣的形式。另外，网络共享还应重视提升人们的体验感，互动是互联网的重要传播特征，互联网中各种资源的传播已经不仅仅局限在"官方"发布领域，更多的是参与者之间的相互传播，因此互联网"艺术"还应重视提升人们的体验感，进而实现良好品味的广泛传播。如厦门美术馆，就在网站上开发了丰富的"艺术游戏"，以此吸引更多儿童参与，使之获得审美经验，借助美术馆的主流艺术形式提高儿童的艺术品位。

（三）互联网"艺术"创作社会价值提升

互联网"艺术"具有开放性、直观性特征，可以被更多的人接触。比如以往的歌剧只能在剧场演出，而互联网则使其成为普通人触手可及的"艺术"。互联网使得艺术无限地接近生活，不论是何种艺术创作都可以被公众所触及，艺术创作和表达的门槛大大降低了，可以被更多人接触和欣赏。我们必须认识到互联网"艺术"创作的创作过程或者作品已经不再是一种小众行为，它因网络技术而被扩大。不论何种艺术，其体现的审美意识、思想意识对人的影响都体现在各个方面，只要存在艺术就会对人产生影响，虽然艺术素养的高低决定了人的艺术欣赏能力、评价能力的差异，有的人不能完全被艺术打动，但艺术也会对其思想意识产生影响。所以互联网"艺术"创作应考虑到其对公众的客观影响，必须有意识地改变创作本源思想，融入更多的社会主流价值观，这样才能使得艺术作品产生教化的功能。

互联网"艺术"的开创，改变了原有的艺术创作模式，以往艺术家在某个领域的创作需要相对固定的场所，不论是何种艺术形式都需要创作环境的支持。如今互联网不仅仅改变的是艺术资源供给，也在丰富着艺术类别，视觉化的艺术形式成为互联网中最为重要和主要的艺术形式。艺术家乃至普通人都可以通过网络、计算机完成艺术作品创作，门槛的降低会导致互联网"艺术"的质量参差不齐。从社会的角度看，人民群众的思想认识总体上是符合社会主义核心价值观的，但是不可否认的是，新时代的中国社会存在更多风险、开放、虚拟、多元的特征，其中开放性、虚拟性、多元性特征会导致网络与现实中艺术形式、艺术作品的多样性，其所蕴含的思想意识、审美价值观也必然呈现多样性。在这个信息网络发达的时代，面对繁复的、乱人眼球的艺术作品，公众应该如何看待和接受，这取决于自身的艺术素养。在海量网络信息中，如果有不良思潮借助网络艺术来蛊惑人心，必然就会干扰人们的审美价值观，这是客观存在的。因此，我们要引导互联网"艺术"创作，增加有利于社会发展、民族复兴的审美意识和观念，这样才能营造良好的互联网"艺术"氛围，最终提升互联网艺术审美内涵。

首先，艺术教育机构或者艺术家应当担当起创作责任，在各种网络艺术创作中应当重视对核心价值观、传统文化等艺术元素的融入，凭借自身的艺术才能为互联网提供更多、更丰富、更有社会价值的艺术作品，使得优秀的艺术作品得到广泛传播。尤其是在各种流行网络平台上，他们更应借助自身的艺术资源、能力优势，扩大优秀艺术种类、艺术作品的影响力，将机构、个人的影响力优势发挥到互联网上。艺术教育机构、艺术家、文艺团体等，在艺术创作中还要积极创新，尝试引入流行元素，加工出蕴含优良思想意识的艺术作品，宣传核心价值观、宣传"真善美"、宣传社会和谐，借助权威性的创作来引领网络艺术趋势，促进互联网"艺术"的社会价值提升。

其次，艺术类的门户网站、短视频平台也应当担负起提升互联网艺术创作社会价值的责任。各种类型的门户网站以及短视频平台，应充分发挥自身影响力优势，借助广泛关注效应，大力传播"正能量"的作品。同时它们还要强化其资源优势、管理优势、监督责任来筛选资源，鼓励让社会发展、和谐、进步的艺术作品的平台推广，由此来提升艺术作品创作的标准。此类标准为网络"艺术"和公众传播树立了典范,能够端正网络艺术创作的风气,进而提升网络"艺术"的社会价值。它们还要将平台作为传播原点,以点带面地引领互联网"艺术"创作的社会价值,将社会主义核心价值观与艺术创作结合起来,借助艺术作品来提升公众的艺术素养,进而帮助其树立和谐的审美意识和价值观。

结　语

　　思想政治教育的深层价值是为实现党和人民的奋斗目标组织主观力量，主观力量可以理解为自发的主观能动意识。形成人民主观力量，有利于社会主义建设和发展，帮助唤起和促进人民社会建设、社会发展的理性自觉。尤其是思想道德修养的理性自觉改善，能帮助人匡正道德观念，促进人民的价值观与社会共同意识契合，进而引导其追求高尚的精神境界。在社会主义发展的大方向、大标准、大目标下，思想政治教育为人设定了必要的政治标准、道德标准乃至审美标准，以实现对人意识的"扶正"。思想政治教育是一种作用于人主观意识的引导和教育模式，主要的方式是引导受教育者内化教育理念并将其外化为自身行为，从而实现教育价值。通过总结分析可见，美育以及艺术素养培养具备突出的意识教育功能，艺术美本身就是一种意识的外放，艺术美的形成是一种自内而外的思想展示过程，其形成的艺术作品蕴含意识形态的内涵，存在着阶级意识、思想、精神以及社会价值观的复刻。美育通过"美"对人德性进行引导和纠正。因此从人的意识结构的角度看，在思想政治教育和艺术素养培养之间，美育承担了"中介"角色，借助艺术素养的积累、提升让人更好地感知"美"中精神意识，由此改变个体思想观念，达到思想政治教育的目标。艺术素养从"表象"看，是人对于艺术作品的鉴赏能力；从思想意识上看，是人对"美"思想意识的感知能力；从环境角度看，"美"的事物负载着"真善美"的价值内核与精神意识，也是思想政治教育孕育美德的载体。艺术素养增强了人发现美、感知美，塑造美的意识，自然也就在素养提升中达到了思想政治教育的目标。

　　艺术素养的培养自古有之，从孔子的"礼乐"到西方先哲的音乐、诗歌育人思想，体现了对艺术素养影响"人格"的共识。当代，从马克思的"艺术掌握世界"的论断中可见艺术在人类的发展中从来都有着重要的地位，其可以引申为"美"

对人的意识影响，艺术素养也自然成为人在全面发展中不可或缺的一项能力。艺术素养是一种人类对于"美"独有的"感知"能力，此种"感知"可以改变"人格"，使之成为美育的教育内容和目标。思想政治教育所期望实现的目标是借助更加丰富且具有意识教化内涵的方式，来引导价值观提升。此时艺术素养对人意识的影响、人格的影响无疑可以让思想政治教育事半功倍。

如今开放的社会使得纷繁的艺术思潮进入公众的思想，在这样复杂的思想意识世界中，如何能够建立独立的人格、独立的思想、独立的审美观，并使之符合社会发展的需求，就成为摆在思想政治教育面前的重要课题。通过综合分析与研究，可以发现艺术素养作为人所具备的共性的审美能力，在多元文化的挑战面前有着重要的思想政治教育价值。艺术素养形成过程中，通过对人的美育价值承载、道德修养培养、人格塑造，能够使得人的发展契合思想政治教育目标，使人形成一定的主审美意识和价值观，并形成主观力量。由此借助人对"美"、对"善"的渴望，将艺术素养培育与思想政治教育结合起来，能够体现思想政治教育的意识教育、审美教育内核，实现对人的思想意识的影响，使其确立正确、独立、自强的社会主义核心价值观、审美观。

艺术素养是"美"的意识内化，也是基于潜意识活动而进一步形成的人的基本审美素养，其影响过程顺应思想政治教育的目标和价值诉求，从意识上为社会发展集合主观力量，从个体使个体上树立道德理性自觉，从标准上使大众明确社会主义核心价值观。通过理顺和分析，本文论证了艺术素养的形成与思想政治教育的"意识"过程的诸多契合，美育更成为思想政治教育与艺术素养的中介，在"以美引善""以美育德"的过程中，直接展示了艺术素养对于思想政治教育的客观价值。所以实践中，应将艺术素养的培养目标、方法，融合美育、道德修养、审美价值观、核心价值观等内核，借助直接性的艺术审美、艺术感知、艺术意识、艺术判断力的提升，帮助人形成高尚的审美取向，进而形成高尚的道德修养，最终达到思想政治教育的目标，即在提高艺术素养的同时，树立"高尚人格"。

参考文献

经典文献

[1] 马克思，恩格斯．马克思恩格斯全集：第2卷[M]．北京：人民出版社，2006．

[2] 马克思，恩格斯．马克思恩格斯全集：第42卷[M]．北京：人民出版社，2006．

[3] 马克思，恩格斯．马克思恩格斯全集：第46卷[M]．北京：人民出版社，2006．

[4] 马克思，恩格斯．马克思恩格斯选集：第1卷[M]．北京：人民出版社，2012．

[5] 马克思，恩格斯．马克思恩格斯选集：第3卷[M]．北京：人民出版社，2012．

[6] 马克思，恩格斯．马克思恩格斯选集：第4卷[M]．北京：人民出版社，2012．

[7] 马克思．1844年经济学哲学手稿[M]．北京：人民出版社，1979．

[8] 毛泽东．毛泽东选集：第3卷[M]．北京：人民出版社，1991．

[9] 毛泽东．毛泽东论文艺（增订本）[M]．北京：人民文学出版社，1992．

[10] 中共中央宣传部编．习近平总书记在文艺工作座谈会上的重要讲话学习读本[M]．北京：学习出版社，2015．

[11] 习近平．决胜全面建成小康社会夺取新时代中国特色社会主义伟大胜利——在中国共产党第十九次全国代表大会上的报告[M]．北京：人民出版社，2017．

[12] 习近平．习近平谈治国理政[M]．北京：外文出版社，2014．

学术著作

[13] 张澍军．马克思主义哲学若干重大问题讲解[M]．北京：高等教育出版社，2006．

[14] 唐德先.孔子伦理政治哲学[M].长春：吉林教育出版社，2003.

[15] 郑德荣，王占仁.马克思主义中国化纵横观[M].北京：人民出版社，2019.

[16] 段妍.比较视域下当代大学生核心价值观培育研究[M].北京：人民出版社，2016.

[17] 段妍.当代大学生价值观教育培育路径研究[M].长春：东北师范大学出版社，2020.

[18] 刘晓哲.马克思恩格斯文艺育德思想研究[M].北京：人民出版社，2016.

[19] 何小勇.中国共产党的文艺育德思想与实践研究[M].广州：暨南大学出版社，2016.

[20]（德）席勒.美育书简[M].徐恒醇，译.北京：社会科学文献出版社，2016.

[21] 滕守尧.审美心理描述[M].四川：四川人民出版社，1998.

[22]（美）门罗.走向科学的美学[M].石天曙，滕守尧，译.北京：中国文联联合出版公司，1984.

[23] 高平叔.蔡元培美育论集[M].长沙：湖南教育出版社，1987.

[24] 徐复观.中国艺术精神[M].上海：华东师范大学出版社，2001.

[25] 张祥云.大学教育：回归人文之蕴[M].广州：中山大学出版社，2004.

[26] 周来祥.三论美是和谐[M].济南：山东大学出版社，2007.

[27] 刘新庚.现代思想政治教育方法论[M].北京：人民出版社，2006.

[28] 郭聪惠.思想政治教育心理学[M].陕西：陕西人民出版社，2008.

[29] 彭富春.论中国的智慧[M].北京：人民出版社，2010.

[30] 郑永廷.思想政治教育方法论[M].北京：高等教育出版社，2010.

[31]（英）安东尼·吉登斯.现代性的后果[M].田禾，译.江苏：译林出版社，2011.

期刊论文

[32] 张澍军.略论思想政治教育的深层价值[J].思想教育研究，2010（07）：7-9.

[33] 唐德先，高文勇.新时代高校思想政治工作学术话语体系的逻辑脉络[J].东北师大学报（哲学社会科学版），2019（04）：147-152.

[34] 高地."慕课"：高校思想政治教育面临的新挑战 [J].思想理论教育导刊，2015（03）：104-108.

[35] 曲波.比较思想政治教育学科性质探析 [J].东北师大学报（哲学社会科学版），2014（02）：130-134.

[36] 金昕.大学生日常思想政治教育理论研究的科学化 [J].思想教育研究，2017（01）：19-23.

[37] 王宝鑫，段妍.高校思想政治教育发展的历史语境探析 [J].思想政治教育研究，2018，34（02）：49-53.

[38] 闫利利，高地.新时代社会主义建设者和接班人的国际视野培育研究 [J].思想政治教育研究，2020，36（06）：132-136.

[39] 栾宇，王占仁.新时代高校思想政治工作队伍的角色定位研究 [J].思想政治教育研究，2019，35（06）：88-92.

[40] 田树学，王占仁."互联网＋大思政"教育模式的实现路径 [J].学校党建与思想教育，2019（22）：63-65.

[41] 李力，金昕.新时代高校立德树人的内涵、难点及实现路径 [J].东北师大学报（哲学社会科学版），2019（02）：149-154.

[42] 王宝鑫，段妍.关于思想政治教育环境本质的再认识 [J].学校党建与思想教育，2019（03）：18-21.

[43] 谷莉."艺术＋"综合课的研究与探索——以艺术综合课《彼得与狼》为例 [J].中国教育学刊，2018（S2）：59-63.

[44] 方冰.协同育人视域下高校少数民族学生音乐教育建设机制研究 [J].贵州民族研究，2018，39（12）：222-225.

[45] 梁庆东，房文婷.非遗传承与职业院校音乐教育体系的构架 [J].中国职业技术教育，2018（36）：92-96.

[46] 李欢.美国国家核心艺术标准的内容、特点及启示 [J].教育科学，2018，34（06）：86-91.

[47] 陈丽竹.现代中西高校艺术教育观念异同探究（上）——评《现代中西高校公共艺术教育比较研究》[J].中国教育学刊，2018（12）：137.

[48] 黄凝薇.高校音乐教育存在的问题及教改思路探讨[J].音乐创作,2018（12）：151-152.

[49] 刘朝霞,边靓.重庆五校土木类专业艺术教育现状调查研究[J].高等工程教育研究,2018（06）：78-81.

[50] 王爱祥.因势而新规范建设提升高校思想政治教育仪式的感染性[J].中国高等教育,2018（23）：10-12.

[51] 刘会强.试析习近平关于新时代中国特色社会主义思想政治教育的论述[J].思想理论教育导刊,2018（09）：35-39.

[52] 林梅.新时代无意识教育在戏曲类艺术生思想政治教学中的实施路径研究[J].四川戏剧,2018（08）：151-154.

[53] 李梁成.艺术类高职院校"双创"教育与思想政治教育融合探析[J].教育与职业,2018（17）：73-78.

[54] 蒋璐敏."以艺育德"：师范生思想政治教育工作的实践探索[J].教育理论与实践,2018,38（24）：35-37.

[55] 刘炫吟.当代艺术类大学生思想政治教育的价值目标[J].贵州民族研究,2018,39（08）：228-231.

[56] 马香.服装艺术设计专业学生的思想政治教育研究——评《高校思想政治教育的理论与实践》[J].上海纺织科技,2018,46（08）：71-72.

[57] 韩华.增强文学艺术的思想政治教育功能——学习毛泽东《在延安文艺座谈会上的讲话》精神[J].思想教育研究,2018（07）：56-60.

[58] 翟志强.艺术院校"专业下乡"与思想政治理论课实践教学融合探析[J].学校党建与思想教育,2018（13）：55-57.

[59] 丁予茜.以美育人以美化人加强高校美育工作[J].中国高等教育,2018（24）：40-41.

[60] 刘琨.诗意空间、美育之所与人城关系之重塑——论社区影院的商业潜力及其美学价值[J].电影文学,2018（23）：18-21.

[61] 祁海文.试论董仲舒的"礼乐教化"美育思想[J].人文杂志,2018（11）：78-84.

[62] 郑昀，徐林祥. 语文美育学的学科性问题研究 [J]. 华东师范大学学报（教育科学版），2018, 36（06）：93-99+158.

[63] 冯军成，刘钊. 中学生审美教育的困境、原因及对策 [J]. 教学与管理，2018（33）：107-109.

[64] 曹凤静，王凤志. 毛泽东的思想政治教育美学思想及当代启示 [J]. 毛泽东邓小平理论研究，2019（12）：44-50+103-104.

[65] 李永新. 马克思思想逻辑转换中的艺术生产问题 [J]. 南京社会科学，2019（11）：127-134.

[66] 孙清华. 无产阶级革命导师关于思想政治教育艺术的论述及其当代启示 [J]. 思想教育研究，2019（10）：60-64.

[67] 徐志萍. 大学生思想政治教育的实施方法探究——评《大学生思想政治教育方法的理论与实践研究》[J]. 中国青年研究，2019（10）：121.

[68] 刘业伟，张春阳. 网络时代视觉艺术对高职学生思想政治教育的靶向作用 [J]. 职业技术教育，2019, 40（23）：69-72.

[69] 张亮，李艳. 新时代主题性绘画实现思想政治教育育人的优化方略 [J]. 思想政治教育研究，2019, 35（03）：106-109.

[70] 徐正伟，黄燕. 思想政治课留白艺术的运用 [J]. 中学政治教学参考，2019（16）：50-51.

[71] 林梅，杨洁. 传统"知行合一"思想融入艺术类大学生思想政治教育探究 [J]. 四川戏剧，2019（04）：153-156.

[72] 华秀梅. 思想教育的艺术——评《思想教育与宣传艺术》[J]. 高教探索，2019（05）：136.

[73] 范宇. 论蔡元培的音乐教育思想及其"美学启蒙"向度 [J]. 文艺争鸣，2019（12）：163-167.

[74] 陈香莹. 高等艺术院校声乐教学中学生价值观的培育 [J]. 四川戏剧，2019（11）：145-147.

[75] 刘汝晶. 景观设计在艺术教育中的应用与价值——评《艺术教育》[J]. 中国高校科技，2019（12）：114.

[76] 徐声. 高校艺术教育旨归的执守 [J]. 江苏高教, 2019 (12): 116-119.

[77] 刘晨. 媒介视野下的民国时期艺术教育期刊述论 [J]. 美术研究, 2019 (06): 28-32+41.

[78] 管志涛. 媒介融合下传播艺术的整合教学模式——评《走向融媒时代的影视教育》[J]. 中国高校科技, 2019 (11): 110.

[79] 黄丽帆, 周剑峰. 设计的"中国创造"中国现代设计教育中"工艺美术"的复兴 [J]. 新美术, 2019, 40 (11): 78-82.

[80] 顾平. "科学主义"的泛滥对"艺术教育"的危害 [J]. 南京艺术学院学报（美术与设计）, 2019 (06): 144-146+210.

[81] 武宁. 百年中国艺术理论的现代性建构——2019 中国艺术学理论学会年会综述 [J]. 艺术百家, 2019, 35 (06): 196-201.

[82] 张晴. 论戏剧表演艺术实践在普通高校学生心理健康教育中的功用 [J]. 四川戏剧, 2019 (09): 198-200.

[83] 单宏健. 研教融通：高校艺术教育范式转型之径 [J]. 黑龙江高教研究, 2019, 37 (11): 138-141.

[84] 卢婷婷, 赵宁琦. 音乐教育在技能型人才培养中的作用 [J]. 教育理论与实践, 2019, 39 (30): 15-17.

[85] 王春雨, 王欢. 高校艺术教育对中华民族文化传承发展研究 [J]. 黑龙江民族丛刊, 2019 (05): 141-146.

[86] 郑莉. 艺术教育综合改革研究 [J]. 中国音乐学, 2019 (04): 140-142.

[87] 刘晓萍, 王小军. 再论"当代艺术"的本质与话语特征——从与"现代艺术"、"后现代艺术"的关系谈起 [J]. 四川戏剧, 2020 (08): 18-22.

[88] 郗海飞. 壁画与公共艺术的新使命 [J]. 装饰, 2019 (12): 25-27.

[89] 张敢. 中国现代艺术的转捩点——重估首都机场壁画的影响 [J]. 装饰, 2019 (12): 22-24.

[90] 徐声. 高校艺术教育旨归的执守 [J]. 江苏高教, 2019 (12): 116-119.

[91] 武定宇. 北京城市副中心公共艺术文化政策刍议 [J]. 美术研究, 2019 (06): 121-126.

[92] 郑娜."移位"的介入——试论当代艺术中的空间逻辑[J].艺术工作,2019(05):34-36.

[93] 姜晓梅.公共艺术基础课之变革思考[J].艺术工作,2019(05):108-109.

[94] 孙妍.物的狂欢:浅论消费时代的公共艺术[J].美术,2019(10):146-147.

[95] 杨荔.地方高校公共艺术教育的价值认知与实施策略[J].江苏高教,2019(10):73-76.

[96] 陈艳,李雪丽,夏奕聪.公共艺术融入文化旅游项目发展的模式创新研究[J].实验技术与管理,2019,36(09):22-27.

[97] 张惠熙.地方应用型艺术院校公共艺术通识课程改革路径探析[J].教育理论与实践,2019,39(24):51-53.

[98] 刘志.思想政治工作体系贯通高校人才培养体系需突破三方面关键瓶颈[J].思想教育研究,2019(06):93-97.

[99] 刘志,侯振中.新时代研究生思想政治教育改革创新的意义、瓶颈及挑战[J].思想理论教育导刊,2019(01):130-134.

[100] 赵朝.提升美育效能探析[J].中学政治教学参考,2019(36):85-86.

[101] 徐卫东.高中美育伦理自信和文化自信的架构[J].中学政治教学参考,2019(36):66-68.

[102] 龙静云,崔晋文.生态美育:重要价值与实施路径[J].中州学刊,2019(11):95-101.

[103] 胡晓珊.高师音乐教育的价值取向研究[J].四川戏剧,2019(11):139-141.

[104] 胡一峰.谈美论艺弘大道——读《中华美育精神访谈录》[J].美术研究,2019(06):127-128.

[105] 古宇薇,朱晶,易灿.美育在大学生礼仪教育中的功能研究[J].编辑学刊,2019(06):5.

[106] 修远,徐杨.新时代学校美育工作的立德树人价值逻辑与实现路径[J].中国电化教育,2019(10):97-101.

[107] 范晓虹.教育戏剧在美育中的作用[J].中国戏剧,2020(12):87-89.

[108] 韩雄.科技在未来视觉艺术教育中的运用——评《工作室思维2：视觉艺术教育的真正价值》[J].中国高校科技，2020（12）：109.

[109] 全永丽，贾莹.艺术类高校思想政治教育与创新创业型人才培养——评《高校思想政治教育和创新创业教育协同育人研究》[J].教育发展研究，2020，40（23）：86.

[110] 欧庭宇.优化思想政治教育话语体系的再思考[J].湖北社会科学，2020（10）：145-151.

[111] 张为波.艺术院校"1+N"思想政治教育工作模式探索[J].四川戏剧，2020（09）：142-143.

[112] 胡艺华，杜敏.论习近平用典艺术对思想政治教育方法的拓新[J].理论月刊，2020（09）：5-14.

[113] 董丽娜.关于艺术设计人才培养的思考——评《专业美术院校艺术设计人才培养模式创新研究》[J].教育与职业，2020（15）：115.

[114] 袁江洪.高校美术类学生思想政治教育方法探索——评《艺术教育视域中德育创新探索》[J].领导科学，2020（14）：128.

[115] 姚岚.论音乐教育中思想政治教育价值的实现——评《大学生思想政治教育研究》[J].领导科学，2020（11）：126.

[116] 李金平.新时代视域下加强艺术类大学生思政教育的四维探析[J].四川戏剧，2020（04）：167-169.

[117] 高梦潇，刘志山.政治仪式的思想政治教育功能研究[J].思想政治教育研究，2020，36（02）：47-50.

[118] 葛兆光，白谦慎.思想史视角下的图像研究与艺术史的独特经验[J].探索与争鸣，2020（01）：138-144+160.

[119] 柴亚晶，王舒然.公共艺术边界的泛化研究[J].艺术工作，2020（06）：26-28.

[120] 张新宇，梁存收，金文婷.艺科融合下的新媒体装置公共艺术创作课程研究[J].美术研究，2020（06）：126-128.

[121] 李建盛.公共领域、公共性与公共艺术本体论[J].北京社会科学，2020（11）：118-128.

[122] 万美容，刘志. 新时代中国特色社会主义教育事业发展的根本遵循[J]. 中国高校社会科学，2020（05）：16-24+156.

[123] 范晓虹. 教育戏剧在美育中的作用[J]. 中国戏剧，2020（12）：87-89.

[124] 卫艳. 循美而行次第花开——中央美术学院高参小项目美育实践[J]. 美术研究，2020（06）：112-116.

[125] 范迪安. 提高认识破解难题抓住重点切实推进新时代学校美育改革发展[J]. 美术研究，2020（06）：4.

[126] 房文婷，梁庆东. 高职教育融合美育精神的路径与策略[J]. 中国职业技术教育，2020（34）：52-54+96.

[127] 彭水香. 《美学与艺术批评杂志》与美国分析美学[D]. 重庆：西南大学，2012.

[128] 魏泳安. 中国精神教育研究[D]. 兰州：兰州大学，2017.

[129] 黄卫星. 对话与交往：当代美育审美价值观建构机制研究[D]. 武汉：华中师范大学，2009.

[130] 张海辉. 现代化视域下的当代中国职业道德研究[D]. 上海：华东师范大学，2010.

[131] 傅艺. 音乐技艺的教育传承[D]. 上海：华东师范大学，2016.

[132] 胥璟. 公共艺术的思想政治教育功能研究[D]. 成都：西南交通大学，2018.

[133] 程远. 马克思主义美育观与当代中国美育建设[D]. 北京：北京交通大学，2018.

[134] 杨平. 康德与中国现代美学思想[D]. 北京：中国社会科学院研究生院，2001.

外文文献

[135] Baran S, Davis D. Mass communication theory: Foundations, ferment, and future[M]. Nelson Education, 2011.

[136] Ingram J B. Curriculum integration and lifelong education: A contribution to the improvement of school curricula[M]. Elsevier, 2014.

[137] Snyder T D. 120 years of American education: A statistical portrait[M]. US

Department of Education, Office of Educational Research and Improvement, National Center for Education Statistics, 1993.

[138] Engle S H, Ochoa A. Education for democratic citizenship: Decision making in the social studies[M]. Teachers College Press, Teachers College, Columbia University, 1988.

[139] Ganter-Argast C, Teufel M, Sammet I, et al. Questionnaire on the Experience of the Art Therapy Group in Psychosomatics from Patient View（FEKTP）-Construction and Validation of a Measuring Instrument[J]. Psychotherapie, Psychosomatik, medizin ische Psychologie, 2018, 69（7）: 283-292.

[140] Zingaretti N, Galvano F, Vittorini P, et al. Smooth prosthesis: our experience and current state of art in the use of smooth sub-muscular silicone gel breast implants[J]. Aesthetic plastic surgery, 2019, 43（6）: 1454-1466.

[141] Matuszka B. From the experience to anger: The elaboration of the feelings against the parents in the art of Sylvia Plath[J]. Psychiatria Hungarica: A Magyar Pszichiatriai Tarsasag tudomanyos folyoirata, 2019, 34（2）: 131-140.

[142] Malkoç A. Quality of life and subjective well-being in undergraduate students[J]. Procedia-Social and Behavioral Sciences, 2011, 15: 2843-2847.

[143] Grosvenor I. 'Can art save the world?' The colonial experience and pedagogies of display [J]. Paedagogica Historica, 2019, 55（4）: 642-649.

[144] Ganter-Argast C, Teufel M, Sammet I, et al. Questionnaire on the Experience of the Art Therapy Group in Psychosomatics from Patient View（FEKTP）-Construction and Validation of a Measuring Instrument[J]. Psychotherapie, Psychosomatik, medizin ische Psychologie, 2018, 69（7）: 283-292.

[145] Zingaretti N, Galvano F, Vittorini P, et al. Smooth prosthesis: our experience and current state of art in the use of smooth sub-muscular silicone gel breast implants[J]. Aesthetic plastic surgery, 2019, 43（6）: 1454-1466.

[146] Di X, Xu C. The Artistic Accomplishment of Coaches in Youth Sports[C]//2018 6th International Education, Economics, Social Science, Arts, Sports and

Management Engineering Conference（IEESASM 2018）. Atlantis Press, 2019: 187-191.

电子文献

[147] National Core Art Standards: A Conceptual Framework for Arts Learning. [DB/OL]. http:// www.national arts standards.org.

[148] 习近平. 关于全面加强和改进新时代学校美育工作的意见 [EB/OL]. http:// www.gov.cn/zhengce/2020-10/15/content_5551609.htm.

[149] 习近平. 在同各界优秀青年代表座谈时的讲话 [EB/OL]. http://politics. people. com.cn/n/2013/0505/c70731-21366048.html.

[150] 习近平. 十三五规划 [EB/OL]. http://www.12371.cn/special /sswgh/wen/#16.

参考文献

Management Engineering Conference (IEESASM 2018). Atlantic Press, 2019: 187-191.

电子文献

[147] National Core Art Standards: A Conceptual Framework for Arts Learning [DB/OL]. http://www.nationalartsstandards.org.
[148] 孙迎丰. 关于鼓励加强基础美术学校师范美育工作的答复 [EB/OL]. http://www.gov.cn/zhengce/2020-10/15/content_5551605.htm.
[149] 刘宏伟. 当前各界热议青年一代健康成长的问题 [EB/OL]. http://politics.people.com.cn/n/2015/0505/c70731-21360048.html.
[150] 学校美育工作规则 [EB/OL]. http://www.1237.com/special/xxygh/www.416.